MES
VOYAGES
AUX ENVIRONS
DE PARIS.

Les formalités exigées ayant été remplies, je poursuivrai les contrefacteurs suivant toute la rigueur des lois.

J. D.

Cet ouvrage se trouve aussi, à Paris :

Chez
- TREUTTEL et WURTZ, Libraires, rue de Bourbon, n° 17.
- REY et GRAVIER, Libraires, quai des Augustins, n° 55.
- PONTHIEU, Libraire, Palais-Royal, galerie de bois.

DE L'IMPRIMERIE DE DEMONVILLE.

MES VOYAGES

AUX ENVIRONS

DE PARIS.

PAR J. DELORT.

Circa hanc urbem quacumque ingredimur, in aliquam historiam vestigium ponimus.
CICERO. *De Finib. V.* 5.

TOME PREMIER.

A PARIS,
CHEZ PICARD-DUBOIS, LIBRAIRE,
RUE DES MAÇONS-SORBONNE, N° 3.

1821.

AVERTISSEMENT.

Je me trouvai l'hiver dernier dans un salon, où plusieurs personnes parlaient des environs de Paris, qu'elles ne connaissaient pas. Une dame, distinguée par son amour pour les lettres, m'engagea à les décrire. Je pensai qu'en y réunissant des morceaux inédits des personnages célèbres qui les avaient habités, je pourrais rendre mon ouvrage original, et par-là, plus susceptible d'intérêt. Il me serait difficile d'exprimer les difficultés que j'ai rencontrées. J'ai voulu remonter à la source, donner l'origine des lieux et l'étymologie des noms de la plupart des villages, autant toutefois qu'il serait possible. Il a fallu que je consultasse les chartes, que j'apprisse à lire les écritures de plusieurs siècles, que je m'assurasse en outre si les morceaux que je donnais, étaient inconnus.

Je suis allé même plus loin, et j'ai cru qu'il ne faudrait pas mettre au jour ce qui pourrait, le moins du monde, nuire à la réputation des hommes.

Comme je ne me flatte pas d'avoir entièrement atteint le but que je m'étais proposé, si j'ai commis quelque erreur, je recevrai avec reconnaissance les observations judicieuses qu'on voudra bien m'adresser; je m'empresserai de les mettre à profit dans une seconde édition, si jamais elle a lieu.

PREMIER VOYAGE.

MES VOYAGES

AUX

ENVIRONS DE PARIS.

~~~~~~~~~~~~~~~~~~~

PREMIER VOYAGE.

A CLORINDE.

On prétend que tout voyageur,
Pour l'acquit de sa conscience
Et l'intérêt de la science,
Ne doit jamais être menteur :
J'ai cependant pleine assurance
Que, sur ce point, plus d'un auteur,
En Angleterre comme en France,
Trompa maint crédule lecteur;
Et que, redoutant l'équateur
Où les frimas de la Norwège,
Nos fins matois trouvèrent bon
De parler des mœurs du Lapon
Qui sans cesse vit sous la neige,
Ou de tout autre région,
Sans avoir quitté leur maison.

Je conviens que, si cet usage
Au lecteur n'est pas fructueux,
Il est au moins commode et sage
Pour un voyageur paresseux.
Mais moi, peintre toujours fidèle
A la raison comme à l'amour,
Je vais, les yeux sur mon modèle,
T'écrire un voyage.... d'un jour.
De l'élégant auteur *du Vieux Célibataire*,
Tu voudrais, me dis-tu, posséder les écrits,
Pour les mieux comparer à ceux de son confrère (1),
L'auteur charmant *des Étourdis*.

Pour satisfaire ton envie, je courus chez plusieurs libraires, sans pouvoir trouver l'édition que je voulais t'offrir; mais en chemin j'appris qu'un ancien magistrat faisait vendre, à Montmorenci, sa bibliothèque et sa collection de tableaux, et que parmi les livres se trouvait une belle édition de Collin-d'Harleville.

Ce matin, selon mon usage,
A peine le soleil colorait l'horizon,
Je me lève, et joyeux je sors de ma maison,
Pour accomplir mon projet de voyage.
J'arrive à la voiture. — Eh! cocher! — Me voici!
— Allez-vous à Montmorenci?

---

(1) Collin-d'Harleville et M. Andrieux, liés d'une étroite amitié, étaient tous deux membres de l'Académie française.

-Oui, monsieur, j'ai du monde, et vous faites mon compte ;
Je pars, si vous montez. —Je monte.
On dit que tout cocher souvent
Boit à l'excès, jure et s'enivre ;
Le nôtre était un bon vivant,
Plein d'honneur et de savoir-vivre.
Du fouet pressant sa haridelle,
Il vient à bout, en peu de tems,
De nous rouler à La Chapelle (1),
Où de Paris les bonnes gens
De mainte *Io* vont faire emplette,
Et s'égayer au son de la musette.

Dans un tems plus ancien, c'est encore en ce lieu
Qu'un Epicurien, voyageur agréable,
Ami de Bachaumont et rival de Chaulieu,
Chantant la liberté, les belles et la table
Dans des vers qui partout étincellent d'esprit,
Naquit (2).

Je ne m'étais pas encore permis de regarder les personnes qui voyageaient avec moi ; et cependant nous étions déjà dans la plaine de Saint-Denis : je me retourne. Quelle est ma surprise, à l'aspect d'une jeune dame en

---

(1) Ce village se nommait autrefois La Chapelle de Sainte-Geneviève, parce que cette vierge de Nanterre s'y arrêtait en allant à Saint-Denis entendre les matines.

(2) Chapelle (Claude-Emmanuel Luillier) est né à La Chapelle en 1616, et mort à Paris à l'âge de 65 ans.

deuil et les yeux noyés de pleurs : je ne pus m'empêcher de lui demander la cause de sa douleur.

J'appris que cette femme intéressante et belle
Fut celle d'un guerrier, jeune et plein de valeur,
  Qui, se montrant toujours fidèle
  A l'amitié comme à l'honneur,
Dans ces lieux dont l'aspect lui déchirait le cœur,
Mourut pour conquérir une gloire immortelle (1).
Elle allait visiter le fruit de son amour,
Qui devint orphelin avant de voir le jour.
A sa douleur profonde, à sa tendresse extrême,
  On devinait facilement
Que brûlant d'arriver à son heure suprême,
Elle ne vivait plus que pour son cher enfant.

Je m'intéressais aux larmes d'une jeune veuve, qui n'avait pas d'autre héritage que les lauriers de son époux :

 Mais vainement je voulus la distraire ;
 Son époux et son fils l'occupaient tout entière.

Nous arrivons à Saint-Denis (2) : la voi-

―――――――――

(1) Bataille à la plaine de Saint-Denis en 1814.
(2) Cette petite ville n'était jadis qu'une masure appelée la *Voie de Catulle*. Saint Denis ayant été inhumé dans ce lieu, avec saint Rustique et saint Eleuthère, ses compagnons, par les soins d'une pieuse dame chrétienne nommée *Catulle*, on leur éleva un tombeau. Plus tard, Dagobert y fit bâtir une

ture s'arrête, et le cocher nous donne dix minutes de repos. Je vais voir l'église fondée par Dagobert et rebâtie à plusieurs reprises. Cet édifice, le plus somptueux peut-être qui existe en Europe, est destiné exclusivement à la sépulture de nos Rois. Cependant, par des exceptions honorables, d'illustres personnages y furent inhumés. Dans ce nombre nous devons remarquer Turenne. Comme tout ce qui se rattache à ce grand nom intéresse les Français, je crois devoir rapporter ici la relation inédite de ce qui s'est passé lors du transport de son corps à Saint-Denis, en 1675 (1):

« M. de Turenne ayant rendu des services extraordinaires à l'Estat, pendant sa vie, le Roy, par un ressentiment de reconnoissance, voulut lui faire rendre des honneurs extraordinaires après sa mort.

» Ce ne fut pas assez de faire célébrer pour lui un service solemnel, c'est ce que

---

église, et peu à peu ce village s'agrandit. Ce ne fut guère qu'à l'époque du ministère de l'abbé Suger que Saint-Denis fut considéré comme ville.

(1) *Voyez* les Mélanges et les Pièces diverses pour servir à l'Histoire de France, aux manuscrits de la Bibliothèque du Roi, tome T.

l'on fait ordinairement pour les généraux d'armée qui meurent dans la fonction de leur charge ; ce ne fut pas assez de le faire inhumer dans l'église de Saint-Denis, c'est un honneur que l'on a rendu au connestable Bertrand du Guesclin, au connestable Sancère, au sage Bureau de la Rivière, au généreux chevalier Arnaud du Guesclin, au brave Guillaume du Chatel : il falloit encore pour M. de Turenne de plus grandes marques de distinction ; et Sa Majesté n'en pouvoit donner de plus honorables et de plus esclatantes, qu'en ordonnant, comme elle le fit, que le corps de ce grand homme fût inhumé dans la chapelle des Bourbons.

» Le corps de M. de Turenne, qui estoit dans l'église des Minimes de Brie-Comte-Robert, depuis qu'il avoit esté apporté de Saspak, fut conduit à St.-Denis le 19 d'aoust. Il arriva sur les cinq heures à Charenton, où plusieurs carosses des parens et amis l'attendoient pour l'accompagner. Ces carosses ne gardèrent aucun rang dans la marche. Il y avoit dans celui où estoit le corps, deux pères de l'Oratoire et deux aumosniers, l'un desquels portoit le cœur du deffunt. Ce carosse estoit suivy de ses gardes, et ses pages à cheval qui portoient des flambeaux allumez, l'environnoient avec un grand nombre de lacquais. On passa par Saint-Mandé et par Bagnolet; les lacquais et les gardes n'allumèrent point leurs flambeaux qu'à Nostre-Dame des Vertus, et on arriva sur les dix heures du soir à Saint-Denis.

» Le corps fût tiré du carosse par huit de ses gardes. Un des pères de l'Oratoire le présenta à la porte de l'église au prieur de l'abbaye, qui estoit accompagné de tous ses religieux le cierge à la main. Les cérémonies de la réception étant faites, les mêmes gardes portèrent le corps dans le chœur, et le posèrent sur une estrade élevée de quatre degrez au milieu d'un grand nombre de chandeliers d'argent. Après que les religieux eurent finy les prières accoutumées, le cœur fut apporté aux Carmélites du faubourg Saint-Jacques, où la supérieure le reçut à l'entrée de sa maison, des mains du même père de l'Oratoire qui avoit présenté le corps au prieur de l'abbaye de Saint-Denis (1).

---

(1) Du couvent des Carmélites, le cœur de Turenne fut porté dans la suite à l'abbaye de Cluni, et lors de la révolution on le déposa à la mairie de ce lieu.

M. le maréchal-de-camp Latour-d'Auvergne-Lauragais,

l'on fait ordinairement pour les généraux d'armée qui meurent dans la fonction de leur charge; ce ne fut pas assez de le faire inhumer dans l'église de Saint-Denis, c'est un honneur que l'on a rendu au connestable Bertrand du Guesclin, au connestable Sancère, au sage Bureau de la Rivière, au généreux chevalier Arnaud du Guesclin, au brave Guillaume du Chatel : il falloit encore pour M. de Turenne de plus grandes marques de distinction ; et Sa Majesté n'en pouvoit donner de plus honorables et de plus esclatantes, qu'en ordonnant, comme elle le fit, que le corps de ce grand homme fût inhumé dans la chapelle des Bourbons.

» Le corps de M. de Turenne, qui estoit dans l'église des Minimes de Brie-Comte-Robert, depuis qu'il avoit esté apporté de Saspak, fut conduit à St.-Denis le 19 d'aoust. Il arriva sur les cinq heures à Charenton, où plusieurs carosses des parens et amis l'attendoient pour l'accompagner. Ces carosses ne gardèrent aucun rang dans la marche. Il y avoit dans celui où estoit le corps, deux pères de l'Oratoire et deux aumosniers, l'un desquels portoit le cœur du deffunt. Ce carosse estoit suivy de ses gardes, et ses pages à cheval qui portoient des flambeaux allumez, l'environnoient avec un grand nombre de lacquais. On passa par Saint-Mandé et par Bagnolet; les lacquais et les gardes n'allumèrent point leurs flambeaux qu'à Nostre-Dame des Vertus, et on arriva sur les dix heures du soir à Saint-Denis.

» Le corps fut tiré du carosse par huit de ses gardes. Un des pères de l'Oratoire le présenta à la porte de l'église au prieur de l'abbaye, qui estoit accompagné de tous ses religieux le cierge à la main. Les cérémonies de la réception étant faites, les mêmes gardes portèrent le corps dans le chœur, et le posèrent sur une estrade élevée de quatre degrez au milieu d'un grand nombre de chandeliers d'argent. Après que les religieux eurent finy les prières accoutumées, le cœur fut apporté aux Carmélites du faubourg Saint-Jacques, où la supérieure le reçut à l'entrée de sa maison, des mains du même père de l'Oratoire qui avoit présenté le corps au prieur de l'abbaye de Saint-Denis (1).

---

(1) Du couvent des Carmélites, le cœur de Turenne fut porté dans la suite à l'abbaye de Cluni, et lors de la révolution on le déposa à la mairie de ce lieu.

M. le maréchal-de-camp Latour-d'Auvergne-Lauragais,

» Le lendemain 20, les parens firent faire un service à Saint-Denis, par les religieux. Il n'y eut aucune cérémonie; l'église estoit tendüe de deüil; le chœur à deux lez de velours noir; la nef à un lez seulement; et sur ces lez de velours estoient attachez, d'espace en espace, les armes du deffunt. A l'issüe de la messe, les religieux levèrent le corps et le portèrent sur un estrade dans la chapelle de Saint-Eustache, tendüe de noir, où il est en dépôt sous un dais de velours noir à crespines d'argent, jusque à ce que la chapelle des Bourbons soit bâtie, conformément à la lettre de cachet que le sieur de Saintot, maistre des cérémonies, avoit portée quelques jours auparavant au prieur. Voicy ce qu'elle contient :

« Chers et bien amez, ayant résolu de
» faire mettre en dépôt le corps de feu nostre
» cousin le vicomte de Turenne, dans une
» des chapelles de nostre église de Saint-De-

---

possesseur du cœur de Latour-d'Auvergne, premier grenadier de France, ayant réclamé celui du maréchal de Turenne, M. le marquis de Vaulchier, préfet de Saône-et-Loire, a été autorisé à le lui remettre le 30 octobre 1818.

Dans un ouvrage sur Paris, je dirai comment le corps de Turenne a été porté aux Invalides.

» nis, nostre intention est que vous le rece-
» viez, et qu'il soit mis dans la chapelle Saint-
» Eustache, et qu'au surplus vous fassiez ce
» que le sieur Saintot, maistre des cérémo-
» nies, vous fera entendre de nostre part
» sur ce sujet, et ne doutant pas que vous
» n'exécutiez avec soin ce qui est en cela de
» nos intentions, nous ne vous ferons la pré-
» sente plus expresse. Donné à Versailles le
» 16e jour d'aoust 1675. »

« Le jour du grand service avoit esté ar-
resté au sixième de septembre, mais l'appa-
reil qui n'avoit pas esté exécuté pour ce temps
là, fit que l'on défféra la cérémonie au neuf.

» Le sieur Saintot fut le 6 à Saint-Germain,
convier Messieurs de l'Assemblée du Clergé.
Deux promoteurs vinrent le prendre dans
l'anti-chambre pour le conduire en sa place.
Il estoit précédé de quatre héraults vestus
de leurs costes d'armes, et suivy des vingt-
quatre jurés-crieurs. Les crieurs demeurèrent
à l'entrée de la salle, et les quatre héraults se
rangèrent contre le bureau, à droite et à
gauche, dans le temps que le maistre de cérémonie prit sa séance sur un siége à dos,
qu'on luy avoit fait préparer devant le bureau, vis-à-vis le président de l'assemblée.

» Après qu'il eut salué le président de la compagnie, et qu'il lui eut rendu le salut, il mit son bonnet, et leur dit que le Roy voulant honorer la mémoire de feu M. de Turenne, en considération des grands services qu'il avoit rendus à son Estat, faisoit célébrer un service solemnel pour le repos de son ame, en l'église de Nostre-Dame de Paris, où Sa Majesté convioit la compagnie de se trouver le lundy suivant, entre neuf et dix heures du matin. Ensuite il rendit la lettre de cachet. M. l'archevesque de Paris luy répondit que la compagnie obéiroit aux ordres du Roy; l'abbé de la Hoguette, qui estoit assis au bureau comme secrétaire, lut la lettre. La lecture faite, un hérault ordonna aux crieurs de faire leurs charges; ils sonnèrent leurs clochettes par deux fois, et le page juré-crieur fit la proclamation.

» Le lendemain, le maistre des cérémonies porta au Parlement, à la Chambre des Comptes, à la Cour des Aydes, à l'Université et au Corps de la Ville, les lettres de cachet qui les invitoient à la cérémonie. Comme le Parlement, qui finissoit ce jour-là, ne s'assemble point pendant les vaccations, la lettre qu'il lui rendit portoit un ordre exprès de s'assembler. Elle estoit conçüe en ces termes :

« Nos amez et féaux, le zèle et l'affection
» qu'a témoigné pendant sa vie pour nostre
» service, feu nostre cousin le vicomte de Tu-
» renne, maréchal général de nos camps et
» armées, et commandant de nos armées en
» Allemagne, nous obligeant de donner à sa
» mémoire des marques de nostre recon-
» noissance, nous avons résolu de faire cé-
» lébrer un service solemnel pour le repos
» de son ame, dans l'église cathédrale de
» nostre bonne ville de Paris, lundy pro-
» chain, 9ᵉ de ce mois. C'est pourquoy nous
» vous ordonnons d'y assister en corps par
» députation, au plus grand nombre qu'il
» vous sera possible, ledit jour de lundy pro-
» chain, nonobstant le premier jour de vos
» vaccations, à l'heure que le grand-maistre,
» ou maistre de nos cérémonies, vous dira
» de ma part. Sy n'y faites faute, car, etc. A
» Fontainebleau, le 4ᵉ de septembre 1675. »

« Le maistre des cérémonies étoit accompagné, comme le jour d'auparavant, par
quatre héraults d'armes, et suivy des vingt-
quatre jurés-crieurs qui faisoient la proclamation. Lorsqu'ils la firent au Parlement, le

premier président releva le nom de *Prince* qu'ils avoient donné à M. de Turenne, et il déclara que la Cour ne reconnoissoit que les Princes du sang, et non les Princes étrangers. La proclamation se fit ensuite à la Table de Marbre et devant l'hostel de Turenne.

» Toutes ces proclamations ne sont différentes que par la qualité que l'on donne aux personnes que l'on invite. Le crieur dit à MM. du Clergé, *Messeigneurs;* à l'Université, *Scientifiques personnes;* et partout ailleurs, *Nobles et Devottes personnes.* Voici la formule de la proclamation :

« Nobles et Devottes personnes, priez
» Dieu pour l'ame de très-haut, très-géné-
» reux et puissant prince de Latour-d'Au-
» vergne, vicomte de Turenne, maréchal-
» général des camps et armées du Roy, le
» colonel-général de la cavalerie légère de
» France, qui fut tué d'un coup de canon
» proche Saspak le 27 juillet, en allant recon-
» noistre l'armée des ennemis pour leur livrer
» bataille, pour l'ame duquel le Roy fait faire
» les prières et service en l'église de Paris;
» cejourd'huy trois heures après-midi, se
» diront vespres et vigiles des morts, pour y
» estre le lendemain dix heures du matin,

» célébré son service solemnel. Priez Dieu
» pour luy. »

« Le 9ᵉ, tous les corps se rendirent, sur les dix heures du matin, en l'église de Nostre-Dame. Le sieur Saintot plaça la Chambre des Comptes, la Cour des Aydes et le Corps de Ville à main droite, le Parlement et l'Université à main gauche. Comme les premières places de la main droite doivent estre occupées par le grand deüil, les premières places de la main gauche sont sans doute les plus honorables; c'est pourquoi on y plaça le Parlement.

» MM. de l'Assemblée du Clergé vinrent incontinent après. M. l'archevesque de Paris, qui estoit leur président, marchoit à leur teste, et l'on portoit sa croix devant luy. Le sieur de Saintot le fut recevoir dans la nef, avec les mesmes honneurs qu'il avoit rendu aux autres compagnies. Ils passèrent par la grande porte du chœur pour aller prendre leur scéance à main droite proche l'autel. M. l'archevesque, qui devoit officier, alla se revestir de ses habits pontificaux. Après quoy M. le grand-maistre et le maistre des cérémonies allèrent avertir M. le duc de Boüillon et le prince de Turenne, son fils, qu'il estoit temps de venir à la cérémonie. La marche se fit en cet ordre :

» 50 pauvres vestus de drap gris, qui portoient des flambeaux de cire blanche à la main.

» Les 24 jurez-crieurs sonnant leurs clochettes et vestus de leurs robbes noires, sur lesquelles estoient attachées les armes de M. de Turenne.

» 4 héraults d'armes, le caducée à la main, vestus de leurs costes d'armes par dessus leurs robbes noires.

» L'aide des cérémonies,

» Le maistre des cérémonies,

» Le grand-maistre des cérémonies; tous trois le chaperon en forme, vestus de grandes robbes de cérémonies.

» Le prince de Turenne,

» Le duc de Boüillon; tous deux le chaperon en forme, vestus de grandes robbes de deüil à queues traisnantes de quatre aulnes, portées par un gentilhomme, et suivys d'un grand nombre de leurs gentilhommes qui fermoient la marche.

» Les 50 pauvres et les crieurs ne furent pas sitôt arrivez en l'église, qu'ils se mirent en haye pour laisser passer le grand deüil, que le grand-maistre et maistre des cérémonies conduisirent au chœur pour y prendre scéance dans les hautes chaises à main droite du costé de l'autel.

» Les 4 héraults occupèrent les quatre coins du mausolée.

» Le grand-maistre, le maistre et l'aide de cérémonies, se placèrent devant le mausolée. M. l'archevesque, qu'un hérault avoit esté avertir, monta incontinent à l'autel pour célébrer la messe. A l'offertoire, un des héraults, après avoir salué l'autel, la représentation et le grand deüil, prit un des cierges de l'offrande, et s'alla placer proche l'autel.

» M. le grand-maistre des cérémonies fit les mesmes révérences, et s'approcha de M. le duc de Boüillon, qui descendit, la queue traisnante et le chaperon avallé, pour aller à l'offrande; ce qu'il fit, après avoir aussi salué l'autel et le prince de Turenne. Estant proche de l'autel, il s'agenoüilla sur un carreau, où après avoir baisé la bague de l'archevesque, il lui présenta le cierge qu'il avoit pris des mains de M. de Rhodes. Un second hérault fit les mesmes saluts, et porta le second cierge de l'offrande proche l'autel; le maistre des cérémonies fit la mesme chose que le grand-maistre des cérémonies venait de faire. Il avertit le prince de Turenne, qui descendit de sa place et fit les mesmes révérences que M. le duc de Boüillon, s'agenouilla sur un carreau, baisa la bague de l'archevesque et luy présenta le cierge que le maistre des cérémonies luy avoit donné.

» Ensuite M. l'évesque de Lombez, qui avoit esté averty par un hérault, prononça l'Oraison funèbre. Il adressa la parole à M. l'archevesque.

» M. l'archevesque, après avoir achevé la messe, fit les prières accoutumées et les encensemens ordinaires autour de la représentation.

» Enfin, le grand-maistre et maistre des cérémonies reconduisirent le grand deüil à l'archevesché, par la porte qui est la plus proche, précédez seulement des héraults. »

« Turenne a son tombeau parmy ceux de nos Roys :
C'est le fruit glorieux de ses fameux exploits.
On a voulu par là couronner sa vaillance,
 Afin qu'aux siècles à venir,
 On ne fît point de différence
De porter la couronne ou de la soutenir (1). »

---

(1) Dans la lettre 427ᵉ de madame de Sévigné, en date du 30 octobre 1675, on voit que c'est à M. de Monceaux qu'on

Sur la gauche de cette ville,
On découvre une petite île,
Qu'habitent de pauvres pêcheurs.
C'est-là que tous les voyageurs
Mangent l'écrevisse, l'anguille
Qui dans la poêle encor frétille,
Tanche et barbeau, carpe et goujon,
Et même le brochet glouton.

Dix minutes sont bien vite écoulées, surtout quand on les emploie à observer. Je reviens à ma voiture; je n'y trouve plus la jeune veuve, mais bien une nouvelle mariée qui s'en retournait, avec son époux, à la Barre.

A sa taille, quoique légère,
On commençait à découvrir
Que bientôt elle serait mère;
Et l'on voyait qu'avec plaisir

---

doit attribuer ces vers. Les changemens qu'on y remarque n'ont été faits, sans doute, qu'à l'époque où le monument fut érigé. Voici comment ils se trouvent en note à la fin de la lettre.

« Turenne a son tombeau parmi ceux de nos Rois :
Il obtint cet honneur par ses fameux exploits.
Louis voulut ainsi couronner sa vaillance,
Afin d'apprendre aux siècles à venir
Qu'il ne met point de différence
Entre porter le sceptre et le bien soutenir. »

Son époux offrait son hommage
Au sein qui renfermait l'image
Et de la femme et du mari.
Oh! couple heureux! couple chéri!
Ne sortez jamais du village,
Pour goûter un parfait bonheur!
C'est-là qu'on vit toujours tranquille;
Et ce n'est jamais qu'à la ville
Que le souci pénètre au cœur.

Enfin, nous voici au bas de la côte de Montmorenci (1) : là, on descend toujours de voiture. La première chose qui frappe, c'est la flèche du clocher, qui semble se perdre dans les airs. Je monte et vais me

---

(1) Plusieurs historiens prétendent que Montmorenci était connu dès le 4ᵉ siècle. D'autres disent que le préteur Morentius, qui y commandait une colonie romaine, fit bâtir un château fort ; et comme il se trouvait situé sur un mont élevé, il le fit nommer *Mons-Morentii.*

Ce qui est certain, c'est que l'on trouve des titres qui prouvent qu'au 10ᵉ siècle le roi Robert donna à Bouchart-le-Barbu la forteresse de Montmorenci.

Dans la Philippide de Guillaume Breton, chapelain de Philippe-Auguste, on lit ainsi deux fois le nom de Montmorenci :

Et male vicini fratres dominusque Morentii, etc.
LIVRE VII.
Nec mora te, Gauchere, tenet, dominumque Morentii.
LIVRE XI.

placer sur la terrasse, point de vue que recherchent tous les voyageurs. L'œil y parcourt un espace immense.

Sur un banc de gazon et le crayon en main,
Déjà je vois assis l'adroit paysagiste,
De la belle nature ingénieux copiste.
Curieux, je regarde, et reconnais soudain
Le vallon enchanteur, le château, le moulin.
Ici, le cerisier, courbé par l'abondance,
Offre ses fruits pourprés qu'on savoure d'avance.
Là, repose un étang (1); et plus loin un troupeau,
Bondissant dans la plaine, anime le tableau.
La perspective enfin est si bien entendue,
Que son lointain se perd dans la vaste étendue.

J'entre dans l'église fondée par les Montmorenci, et qui offre le gothique le plus distingué de la fin du 15e siècle.

Le portrait de Guillaume de Montmorenci, chambellan de Charles VIII, de Louis XII et de François Ier, se trouvait placé dans le sanctuaire, et le bedeau, vieillard octogénaire, me récita les vers suivans qui étaient écrits au bas de ce portrait, et qui prouvent l'ancienneté de cette église :

---

(1) L'étang de Saint-Gratien. C'est dans l'église de ce village que reposent les cendres de *Catinat*. Il y mourut le 22 février 1712.

« Le baron de Montmorenci,
Nommé Guillaume, près ainsi,
Qu'est cy pourtraict, l'an mil en date,
Cinq cent vingt et cinq, pour bon acte,
Rédifia ce temple-cy. »

Le mausolée d'Anne de Montmorenci, grand-maître et connétable de France, que fit élever Magdeleine Savoye-Tende, son épouse, y fut placé en 1567, au milieu de la nef (1); mais à ce que m'a raconté le même vieillard, il fut enlevé de ce lieu par ordre

---

(1) L'architecture était de Bullant, et la sculpture de Leprieur.

Beaucoup de personnes croient encore que c'était le mausolée de Henri II, duc de Montmorenci, qui était dans cette église. La note suivante prouve le contraire:

« Le corps de Henri II, duc de Montmorenci, qui fut décapité à Toulouse, fut transporté dans l'église de la Visitation de Moulins, où Marie-Félicie des Ursins, son épouse, dame illustre par sa vertu et par sa piété, lui fit dresser un magnifique tombeau de marbre. »

(*Dictionnaire historique*, par Chaudon et Delandine.)

Dans la lettre d'Etienne Pasquier à M. de Querquifinen, seigneur d'Ardivilliers, on lit, en parlant des obsèques du connétable.... « Son corps et son effigie demeurèrent à la Royale une nuict, dans l'église Nostre-Dame, et le lendemain se trouvèrent toutes les paroisses et églises pour accompagner le convoy. Son cœur a esté ensevely près de celuy du Roy Henry, son bon maistre, et son corps au sépulcre de ses ancestres, en la ville de Montmorenci. »

du gouvernement, le 5 ventôse an 4, pour être placé aux Petits-Augustins. Les quatre colonnes de marbre vert antique qui le décoraient (1), sont aujourd'hui à la salle des antiques du Musée royal (2).

Les vitraux furent brisés dans la révolution ; ceux du maître-autel, qui sont très-bien conservés, prouvent qu'ils étaient dignes du monument (3).

Le cimetière est à côté; l'orgueil n'y a

---

(1) Les Anciens tiraient ce marbre précieux de la Thessalie et des environs de Thessalonique.

(2) Ce mausolée était composé de six colonnes en basalte, et de quatre de marbre vert antique, portant dix pieds de haut, surmontées de chapitaux de l'ordre corinthien, soutenant un entablement du même ordre et une demi-coupole. Au-dessous était un sarcophage en marbre rouge, sur lequel étaient posées les deux statues d'Anne de Montmorenci et de son épouse, en marbre blanc, couchées sur des coussins. Il me semble qu'il serait à désirer que ce monument, qui ne fut pas jugé digne d'être déposé dans le Muséum de Versailles, fût replacé aujourd'hui dans l'église de Montmorenci, dont le site heureux et les souvenirs de deux grands hommes appellent les curieux, lors même qu'on ne pourrait pas lui rendre sa première splendeur. Il n'est d'ailleurs pas sans exemples que des monumens aient été replacés en partie dans les lieux qu'ils occupaient. Louis XI, à Cléry ; Saint Remi, à Reims.

(3) On pense que la peinture sur verre fut pratiquée en France vers la fin du 10e siècle ou au commencement du 11e.

point élevé de riches mausolées. Je ne peux te donner une meilleure idée de ce lieu, qu'en te disant que c'est absolument celui qui est décrit dans l'élégie de Gray, composée dans un cimetière de campagne.

Sur une simple croix de bois, peinte en noir, et que le temps n'a point respectée, j'ai cru qu'on avait jadis inscrit les quatre vers suivans :

On la vit, remplissant les devoirs délicats,
Et d'amie, et d'épouse, et de mère, et de fille,
Rendre heureux tous les siens; et son cruel trépas
Fut l'unique chagrin qu'en reçut sa famille.

Le château de Montmorenci, qui se trouvait situé à la gauche du cimetière et dans une position heureuse, vient d'être démoli. C'est un certain M. B***, m'a-t-on dit, qui, après l'avoir acheté pour cent trois mille francs, a fait cette belle œuvre. On assure qu'il n'a pas même payé le terrain. Sept pièces d'eau vive, des cascades, des sources, embellissaient le parc.

Je ne conçois pas comment le Gouvernement n'adopte pas des mesures pour prévenir de semblables destructions. C'est ainsi que peu à peu on établit des déserts dans les lieux qui furent naguère les plus enchanteurs.

L'heure de la vente des livres et des tableaux approchait; je m'empressai de m'y rendre. La conversation que j'eus avec le propriétaire m'apprit que cet homme, ancien magistrat justement estimé, à l'exemple de Scipion et de Sully, après avoir rendu de longs services à l'État, s'était retiré à sa campagne, où il coulait des jours tranquilles.

Les marchands de tableaux avoient l'air content; sans doute ils avaient déjà fait de bonnes affaires, comme cela leur arrive toujours.

De ces Messieurs le plus souvent
L'Auvergne est le lieu de naissance.
Arrivés à Paris, ils vont raccommodant
La porcelaine et la faïence;
A peine ont-ils un peu d'argent,
Déjà l'ambition leur trouble la cervelle:
Force peau de lapins, que vend le cuisinier
Et qu'achète le chapelier,
Font prendre à leur commerce une face nouvelle.
De coureur qu'il était jadis,
L'auvergnat se trouve en boutique;
Mais au lieu d'un lapin qui parait son taudis,
Il étale un portrait antique.
Ce marquis fit jadis l'ornement d'un salon;
Mais, hélas! aujourd'hui qu'il n'est plus de ce monde,

Sa figure est placée auprès d'un vieux chaudron,
Et l'on court pour la voir de cent pas à la ronde :
    Notre homme alors tant bien que mal
    Des fameux peintres étudie
Les noms et la couleur, le faire et l'harmonie ;
Il trompe un parisien comme un provincial,
Et leur vend un crouton pour un original :
Et, bien que de naissance il fût un pauvre hère,
Grâces à son talent qui n'eut jamais d'égal,
Il se voit à la fin riche propriétaire.

Après que j'eus acheté l'édition de Collin-d'Harleville, seul but de mon voyage, le propriétaire m'invita à passer dans son cabinet. Il avait connu ce charmant poète ; il m'en lut une lettre manuscrite dont il me permit de prendre la copie, que voici :

Paris, 1er mars 1804.

    Monsieur,

« Vous pouvez vous souvenir qu'il y a bientôt deux ans, j'allai vous prier de faire rayer mon nom de la liste des pensionnaires de l'Etat, et s'il était possible, d'y faire mettre à la place celui de mon ami Guillard (1). Mon

---

(1) C'est ce Guillard dont la muse a fourni
    Des chants si beaux à Gluck, à Sacchini.
        Andrieux. (*Matinée d'un Auteur.*)

accent, ma douleur, mes larmes, parurent vous toucher jusqu'au cœur; vous refusâtes ma démission, et prenant le soin de me consoler, vous me promîtes pour mon ami la première pension vacante. Je gardai donc la mienne, en soupirant. Deux ans sont bientôt écoulés, et Guillard n'a point recueilli l'effet de vos promesses. Trois fois j'ai eu l'honneur de vous écrire, Monsieur, notamment à la mort de madame du Boccage, en vous rappelant les titres de ma respectable amie, madame de Bourdic-Viot; en dernier lieu, j'ai joint à la lettre de mon ami Guillard, une apostille expressive, et qui sortant de mon cœur devait retentir jusqu'au vôtre : vous avez gardé le silence. Ainsi, je n'ai plus d'espoir. Alors, Monsieur, permettez-moi de vous renouveler ma prière, aussi sincère qu'elle était alors, et de remettre entre vos mains la pension honorable que je dus à votre estime : ce n'est point par indifférence que j'y renonce; il s'en faut bien; mais je n'en ai pas besoin, et plusieurs gens de lettres la recevraient comme un bienfait nécessaire. Je ne me flatte point d'être écouté, si je ne rappelais ici le nom, les talens, et je puis dire la gêne de mon ami Guillard (qui même se trouve créancier de l'Etat d'une somme de sept mille francs, dont cette pension vous paraissait l'équivalent); je n'ai, je le vois, ni crédit, ni don de persuader. Je m'en rapporte, Monsieur, à votre équité et à votre excellent esprit.

» Maintenant que je suis soulagé par cette démarche, je vous prie de croire qu'il ne me reste plus aucun fiel dans le cœur, et que si je gémis en secret et dépéris chaque jour, je n'en serai pas moins éternellement reconnaissant de vos anciens témoignages d'estime.

» Agréez, Monsieur, l'assurance de mon respectueux dévouement. »

COLLIN-HARLEVILLE,
De l'Institut national, quai de la Monnaie, n° 7.

« *P. S.* Je désire que, dans tous les cas, Guillard ignore ma démarche, ce qui lui serait également pénible, et s'il savait qu'il me remplace, et s'il apprenait que je cesse de toucher ma gratification annuelle, comme c'est bien ma résolution, à compter du 22 mars 1804. »

La démarche de Collin ne fut point infructueuse; il obtint une pension de mille francs pour son ami, le 17 mai 1804. Ce trait n'étonne point ceux qui l'ont connu; il renouvelait tellement ses bienfaits, qu'il est mort sans laisser la fortune que ses ouvrages avaient dû lui procurer.

L'anecdote suivante m'a été contée par le véritable ami de la jeunesse et l'heureux favori d'Apollon; en un mot, l'auteur de la Comédienne.

Collin-d'Harville avait soutenu long-temps, à Paris, à ses frais, un de ses anciens camarades d'étude qui se décida enfin à retourner dans la province. Collin paya encore le voyage, conduisit lui-même son homme à la diligence, l'y vit monter; et quand la voiture fut prête à partir (c'était dans les premiers jours de novembre, et il commençait à faire froid), Collin se retira un moment à l'écart, se dépouilla d'une bonne redingote qu'il avait par dessus son habit, et la jeta par la portière sur les genoux du voyageur, en disant: *Mon ami, vous oubliez votre redingote.* C'était une manière délicate de donner et d'échapper au remercîment. La vie de cet excellent homme a été pleine de traits semblables.

Je fus dîner chez Leduc, dont l'enseigne (le cheval blanc), que l'on doit au pinceau de

Gérard, est un chef-d'œuvre justement admiré de tous les voyageurs. A l'excellence des mets que fournit ce traiteur, on croit être encore chez les frères Provençaux et les Beauvilliers.

Du salon où je me trouve placé, ma vue domine sur la maison qu'habitait autrefois ce rival de Delille, ce Gaston qui, dans sa traduction de l'Enéide, a produit des morceaux dignes de devenir classiques. Cet aspect me rappelle aussitôt une lettre intéressante de ce poète, que contient mon portefeuille, et que voici :

30 avril 1802.

Monsieur,

« Je reçois dans le moment la lettre trop flatteuse que vous avez eu la bonté de m'adresser. Vous poussez trop loin l'indulgence à mon égard, et la sévérité envers M. Delille. S'il n'a pas rempli tout-à-fait l'attente du public dans la partie dramatique de l'Enéide, il est juste d'avouer qu'il y a dans les morceaux descriptifs des beautés du premier ordre. Je redoublerai d'efforts pour soutenir cette concurrence dont je suis effrayé, et je m'occupe, dans la vallée de Montmorenci que j'habite depuis quelques jours, à mettre la dernière main à ma seconde livraison. Ma santé, détruite entièrement par six ans de séjour en Russie, ne me permet pas depuis quatre ans un travail assidu, sans quoi j'aurais déjà tout publié.

» Croyez, Monsieur, que si ma nomination au *provisorat* du Lycée de Limoges, qui m'est promise, ne m'obligeait pas de quitter Paris, je m'empresserais de me lier avec un homme de goût, qu'il est bien séduisant pour mon amour-propre, d'avoir pu mettre dans mon parti sans le connaître, tandis que d'autres me proscrivent sans me lire. Je vous sais bien bon gré des vers de M. Dreux, que je ne connaissais pas plus que ceux de M. Gimel, dont vous me parlez. Il y a dans le *Cacus* de M. Dreux, quelques vers qui feraient honneur à Delille lui-même.

» Agréez, Monsieur, mes remercîmens et les témoignages d'estime et de reconnaissance de votre très-humble serviteur. »

HYACINTHE GASTON,
Rue Helvétius, n° 605.

« *P. S.* Au reste, l'engouement des journaux

et des acheteurs ne prouve rien, et souvent il est funeste. Malheur à celui qui cherche des succès passagers dans un ouvrage immortel! Pour mes vers, comme pour ma conduite, je consulte d'abord ma conscience et ensuite quelques juges sévères. J'écris pour la minorité. »

Après mon dîner je m'acheminai vers l'hermitage que madame d'Epinai fit bâtir pour Jean-Jacques. Un petit chemin bordé, tantôt d'une haie vive, tantôt de cerisiers, de noyers et de pommiers, m'y conduisit.

Je rencontrai chemin faisant,
Autant de petites-maîtresses
Qu'on en rencontre au boulevard de Gand;
Mais, au lieu de voler sur un char élégant,
Toutes trottaient sur des ânesses.

L'hermitage, entouré de peupliers et de châtaigniers, est à l'entrée de la forêt. Il est situé sur la pente de la colline. Son exposition et sa simplicité annoncent bien que c'était la retraite d'un homme qui, dégoûté du monde, y renonçait pour se livrer à l'étude (1).

_____

(1) On disait un jour à M. de Buffon : « Vous aviez dit et

C'est dans ce lieu que Jean-Jacques composa la *Nouvelle Héloïse*, et qu'il écrivit la lettre suivante à M. de Muly, supérieur de la maison de l'Oratoire à Montmorenci, en lui envoyant un exemplaire de son Emile :

« J.-J. Rousseau prie Messieurs de l'Oratoire de Montmorenci, de vouloir bien accorder à ses derniers écrits une place dans leur bibliothèque. Comme adopter le livre d'un auteur n'est pas adopter ses principes, il a cru pouvoir, sans témérité, leur demander cette faveur.

29 mai 1762 (1). »

---

prouvé avant Jean-Jacques, que les mères devaient nourrir leurs enfans. Oui, répondit l'illustre naturaliste, nous l'avions tous dit, mais Rousseau seul commande et se fait obéir. »

(1) La bibliothèque de l'Oratoire de Montmorenci fut portée à Pontoise, chef-lieu d'arrondissement, vers les premières années de la révolution.

M. de Villeneuve m'ayant donné une lettre inédite de Rousseau, je crois devoir la présenter à mes lecteurs :

« A la Chevrette ce mardi matin.

» Voici, Madame, les papiers que vous m'avez demandés ; je crains que vous ne puissiez rien débrouiller aux ratures des lettres ; si vous en pouvez déchiffrer quelques-unes, je vous prie de vouloir bien m'indiquer les autres, afin que je les copie lisiblement. Quant au Catéchisme, j'y ai fait

Cet hermitage a été habité aussi, pendant 16 ou 17 ans, par le compositeur Grétry,

plusieurs changemens en le récrivant, c'est pourquoi je vous prie d'en garder la copie que je vous envoie, afin que je puisse sur elle collationner la mienne.

» Je pars à l'instant pour Paris. Je compte remettre en passant le paquet à votre porte, aller dîner chez mon ami Diderot, y passer, demain mercredi, la journée entière, et repartir jeudi de grand matin pour revenir dîner ici, sans être sorti de chez lui pour aller ailleurs; pas même chez vous. Mais vous savez, Madame, quel désir j'aurais d'embrasser M. de Saint-Lambert. Si vous pouviez l'engager à passer demain chez Diderot, une fois dans la journée, il m'y trouverait infailliblement, et j'aurais un plaisir sensible à le voir. Du moins, comme madame d'Epinay se flatte de l'avoir à dîner avant son départ, je voudrais bien être instruit du jour, afin de m'y trouver aussi; et quoi qu'il arrive, j'espère que vous voudrez bien me faire donner de vos nouvelles et des siennes durant mon séjour à Paris.

» J'ai appris avec peine que le soir de votre arrivée vous n'aviez point dormie, et que vous vous étiez mal portée le lendemain. Le mal de tête que vous aviez la veille augmente mon inquiétude. Vous étiez sortie par la chaleur, et la manière dont vous vous trouviez affectée, ressemble à l'effet d'un coup de soleil. Vous aviez parlé de vous faire saigner, c'était, en pareil cas, ce qu'il y avait de mieux à faire. Vous savez qu'il ne faut point user en cela de remise; voilà mon principal sujet d'inquiétude, sur lequel je vous supplie de me tranquilliser.

» Un autre qui n'est guère moindre, c'est votre prochain voyage dont on m'a parlé comme d'une chose assurée. Ah! Madame, que deviendront les promenades charmantes où véritable homme de génie, qui y est mort le 24 septembre 1813. C'est lui qui a fait bâtir les deux petites maisonnettes qui se trouvent dans le voisinage. Le jardin est réellement délicieux; je ne sais si c'est le souvenir de Jean-Jacques et de Grétry; mais un charme inexprimable semble animer ce lieu.

Sur la gauche se trouve, dans une niche, le buste en terre cuite bronzée de Rousseau, sur lequel on ne voit que des noms, des vers et des pensées. Quant à moi, ne pou-

---

nous nous entretenions de tout ce qui pouvait intéresser des cœurs honnêtes et sensibles? et où je trouvais si doux de penser avec vous, que j'en ai perdu l'habitude de penser seul! On ne se promène point à la Chevrette comme à Aubonne, et l'Hermitage même me paraît une solitude depuis que vous n'y venez plus.

» Hier, en passant à Deuil, je vis Mademoiselle votre fille qui dormait de tout son cœur, et qui paraissait se porter à merveille. J'espère qu'il en est de même de celle qui est auprès de vous à Aubonne, et je me console en regardant le séjour qu'elle y fait comme un gage de votre prochain retour.

» Bonjour, Madame. Recevez, s'il vous plaît, les assurances de mon respect, et les faites agréer aussi à madame de Blainville. J'attends avec impatience de meilleures nouvelles de votre santé, et j'espère en recevoir à votre porte en y portant cette lettre.

ROUSSEAU.

A Madame, Madame la comtesse de Houdetot, en son hôtel rue de l'Université, à Paris. »

vant rien écrire qui fût digne de ce grand homme, je me contentai d'ôter mon chapeau (1).

---

(1) En 1790, il fut décrété qu'une statue serait érigée à l'auteur d'Émile et du Contrat Social; M. Houdon fut chargé de l'exécution de ce monument. Par le même décret, Marie-Thérèse Levasseur, veuve de J.-J. Rousseau, obtint une pension de 1200 francs.

En 1796, M. Rambert Dumaret, artiste très-habile dans l'art de graver en médailles, exécuta la tête de Rousseau, qui lui valut un prix au jugement du jury des arts.

Comme toutes les personnes qui liront cet ouvrage n'ont pas été à Ermenonville, on ne me saura pas mauvais gré de rapporter ici un trait de mademoiselle de Joly.

Cette célèbre actrice étant allée en pèlerinage à Ermenonville avec ses enfans, en 1788, suspendit des guirlandes autour du tombeau de Jean-Jacques, et y traça :

« A J.-J. ROUSSEAU,

MARIE JOLY, ÉPOUSE ET MÈRE. »

Lorsqu'un décret ordonna la translation des cendres de Rousseau au Panthéon, cette même actrice adressa les vers suivans à M. Girardin, qui avait fait ériger le monument de Jean-Jacques.

DES CHAMPS ÉLYSÉES,

J.-J. Rousseau à son ami Girardin, à Ermenonville.

Souris à l'honneur qu'on m'apprête,
Ou tu m'en ravis les douceurs ;
Pour moi, tu le sais, point de fête,
Quand un ami verse des pleurs.

Voici les vers que je lus sous ce buste:

« Toi dont les plus brûlans écrits
Furent créés dans cet humble Hermitage,
Rousseau, plus éloquent que sage,
Pourquoi quittas-tu mon pays?
Toi-même avais choisi ma retraite paisible;
Je t'offris le bonheur, et tu l'as dédaigné;
Tu fus ingrat, mon cœur en a saigné;
Mais qu'ai-je à retracer à mon âme sensible?
Je te vois, je te lis, et tout est pardonné. »

En descendant, on rencontre un petit jet d'eau, et un saule pleureur contre lequel est adossé une pierre blanchâtre, où se lisent les vers suivans adressés au rossignol :

« Je t'ai consacré ce bosquet,
Le plus délicieux bocage :
Ah! pourquoi restes-tu muet,
Pourquoi fuis-tu cet Hermitage?
Sous ce saule qui pleure où je suis attendri,
Je n'entends plus ton céleste ramage;
Hélas! tu n'y vois plus Grétry. »

Mon tombeau triste et solitaire,
Est un monument amical :
A ce titre seul il doit plaire
Au voyageur sentimental.
Puis, de ma dépouille mortelle
Si l'on te prive malgré moi,
Crois que mon ombre plus fidelle
Saura se fixer près de toi.

En effet, tout se tait dans ce lieu, et ce n'est qu'au loin dans la forêt qu'on entend le rossignol.

Toujours entraîné par la curiosité, on descend en silence vers la gauche du jardin. Un petit ruisseau vous conduit vers une pièce d'eau vive qu'il alimente sans cesse. En face se trouve une demi-colonne en marbre blanc, supportant le buste de Grétry en plâtre bronzé, et assise sur une pierre de taille peinte en granit. A côté se trouve un vernis du Japon soutenant une longue planche où chaque voyageur écrit une pensée. Un triste cyprès fait pendant au vernis du Japon; et des rosiers, des acacias, le chèvre-feuille et le genêt d'Espagne forment un berceau à ce monument aussi simple que touchant, érigé par sa famille, et sur lequel on lit :

« GRÉTRY,

Ton génie est partout, mais ton cœur n'est qu'ici (1). »

---

(1) Ce monument, en effet, ne renferme que le cœur de Grétry. Son corps est au Père-Lachaise, non loin de ceux de Méhul, de Chénier, de Delille et de Boufflers. Sur le mausolée de ce dernier on lit le vers suivant :

« L'honneur des chevaliers, la fleur des troubadours. »

DELILLE.

En remontant le jardin par le côté opposé, on rencontre un rocher entouré du laurier planté par Rousseau, qui porte son nom, et sous l'ombrage duquel il venait s'asseoir sur une pierre triangulaire où l'on voit des caractères effacés. A côté se trouve aussi le laurier de Grétry.

Ce rocher est celui où plusieurs ruisseaux prennent naissance. On y découvre une pe-

---

M. B. de N., qui savait que je voulais écrire ce petit voyage, m'envoya la lettre suivante, croyant qu'elle serait de quelque intérêt :

« Mon cher ami,

» Vous m'annoncez que M. François-de-Neufchâteau a le dessein de me nommer au nombre des jurés qui doivent juger les ouvrages destinés au théâtre. Je ne puis qu'être infiniment flatté d'être nommé par un homme tel que lui; mais ma santé souvent mauvaise ne me permettrait pas d'accepter un emploi dont il me serait impossible de remplir les devoirs. Un crachement de sang, qui me retient chez moi depuis quinze jours, me fait désirer de me rendre à mon Hermitage pour y prendre le lait d'ânesse: mon médecin voudrait même que je partisse sur-le-champ, si l'isolement de l'Hermitage de Jean-Jacques n'était un obstacle à ses désirs. Recevez, je vous supplie, mon cher ami, mes regrets, mes remercîmens et mon respect.

Grétry.

Paris, 3 mars 1799. »

tite ardoise sur laquelle j'ai lu les jolis vers suivans :

> « Tranquille, bienfaisante et pure,
> Un doux penchant règle mon cours.
> Heureux l'ami de la nature,
> Qui voit ainsi couler ses jours. »

Il était déjà près de huit heures, il fallait songer au départ. Je sortis donc de ce jardin quoiqu'à regret, me promettant bien d'y revenir. Mais c'est avec toi, Clorinde, qu'il faut que j'y revienne.

Les violons, la clarinette criarde et la grosse caisse m'annoncent une danse champêtre. C'est précisément sur ma route : j'approche, et je vois sous d'énormes châtaigniers, patriarches de la forêt :

> Ici, de gentilles bergères,
> Un bonnet blanc sur leurs cheveux,
> S'unir, dans leurs danses légères,
> A des guerriers vifs et joyeux :
> Mais combien l'usage est bizarre !
> Un léger coup de tête entr'eux,
> Annonçant la fin de leurs jeux,
> Est le signal qui les sépare.

> Non loin de ces danseurs bruyans,
> Là, walsent des beautés piquantes
> De qui les robes élégantes
> Flottent en replis ondoyans.

Ce sont des fleurs, dont les calices,
Que baise un zéphir amoureux,
S'ouvrent, pour faire les délices
Et de l'odorat et des yeux.

Quand la plus belle des étoiles,
Propice aux larcins de l'amour,
De la nuit précédant les voiles,
Vient annoncer la fin du jour,
La walse finit ; et, la danse
Changeant de pas et de cadence,
Avec la nymphe de son choix
Chacun s'enfonce dans le bois.

Ici, l'un évite la trace
D'un sentier qu'on peut découvrir ;
Là... Mais pardon ! dans ma préface,
J'ai promis de ne point mentir :
Je n'en puis dire davantage ;
Après eux il fallait courir,
Et j'ai poursuivi mon voyage,
Dont le cours est près de finir.

Nous étions quatre dans la voiture : une marquise, sa fille et un jeune monsieur de leur connaissance, s'étaient vus forcés de prendre place dans cette petite voiture, parce qu'une roue de leur calèche s'était brisée en arrivant à Montmorenci.

La demoiselle était jolie,
Et tout plaisait dans son maintien ;

Pour la mère, je n'en dis rien :
Mais le jeune monsieur, bavard comme une pie,
Suffit, seul et long-temps, à nourrir l'entretien.
   Je ne peux trop dévoiler ce mystère ;
Tu dois savoir pourquoi ; mais je crois parler d'or,
   En te disant qu'il cajolait la mère,
Pour enjoler la fille et ravir son trésor.

Ce n'est plus une haridelle, mais bien deux vigoureux chevaux qui nous conduisent. Aussi arrivons-nous en peu de temps à la barrière Saint-Denis. Là, les employés de l'octroi nous demandent si nous n'avons rien à déclarer. Ces dames n'avaient que leurs ridicules et leurs ombrelles ; le monsieur, qu'un jonc à pomme d'or ; et moi qu'un crayon et un cahier confident de mes pensées : nous répondîmes en conséquence.

   Mais l'employé de la barrière,
   De nos réponses peu content,
   Ouvre tout-à-coup la portière,
   Et d'une main, qui s'en va furetant,
   Sonde le fond de la voiture,
Et même des endroits que l'usage défend.
Quant à moi, révolté d'une telle mesure,
   Je trouve sage et crois urgent,
   Pour parer à cette coutume,
   Que les dames en voyageant,
   De l'homme adoptent le costume.

J'arrivai chez moi vers les dix heures, et je ne songeai plus qu'à prendre du repos.

Quand ce matin j'ai transcrit mon voyage,
J'ai remarqué des vers qu'on pourrait tourner mieux :
Je douterais beaucoup d'obtenir ton suffrage,
    Si sur les défauts de l'ouvrage
  L'aveugle Amour ne fermait pas tes yeux.

FIN DU PREMIER VOYAGE.

SECOND VOYAGE.

SECOND VOYAGE.

Tu veux qu'en dépit de mon cœur,
Pour toi j'entreprenne un voyage,
Qui t'offre encor plus de longueur
Que ma visite à l'Hermitage.
Je ne sais point s'il est bien sage
D'en essayer d'un trop long cours,
En s'éloignant de ses amours;
On dit qu'il est surtout un âge
Où ton sexe est faible, indulgent;
Et l'homme, auteur de sa faiblesse,
L'homme au regard toujours perçant,
Pour supplanter un pauvre absent,
Sait déployer bien de l'adresse!
Le mal ne serait pas fort grand,
Si le siècle honnête, où nous sommes,
Avait constamment vu les hommes
Se saisir d'un poste vacant;
Mais l'intrigue et la jalousie,
Pour protéger un franc vaurien,
Ont fait asseoir l'hypocrisie
Où s'asseyait l'homme de bien.
J'ai vu, jappant avec audace,
Un roquet du sacré vallon
Solliciter sur le Parnasse
L'emploi d'un vrai fils d'Apollon :

Je l'ai vu, prosterné sans cesse
Aux pieds des idoles du jour,
Monter, à force de bassesse,
Aux honneurs brillans de la cour :
J'ai vu... mais pardon ! je m'arrête ;
Et, pour te plaire, je m'apprête
A voyager sans nul retard :
Pouvant toutefois en voyage
Courir maint funeste hasard,
Je crois et plus sûr et plus sage
De faire ici mon testament.
Ainsi, je lègue à mon dernier moment,
Pour accorder le ciel et ma tendresse,
Mon âme à Dieu, mon cœur à ma maîtresse,
Et ma fortune au mérite indigent.

Je me lève avec le jour et me rends à la voiture, rue d'Enfer. J'y trouve un médecin, plus connu des cafés que des malades, un chasseur de mes amis, un étranger à l'air soucieux, et deux dames arrivant en même temps que moi. Les civilités faites, nous nous plaçons sur le devant, les dames dans le fond, et nous partons.

Pendant que nous traversons le Petit Mont-Rouge, dont je vous parlerai plus tard, la conversation s'engage. Le docteur, nouveau Sangrado, nous apprend qu'il était venu à Paris pour propager une découverte, dont le but tendait à guérir toute espèce de folie avec une certaine quantité d'eau froide. Chacun dit son avis sur ce point. Une dame prétend que, si l'on eût adopté cette recette, la Seine n'aurait pas suffi pour guérir tous les fous de Paris. Pour moi, je me disais tout bas que le docteur devrait s'appliquer le remède.

L'étranger, qui se retire en province après avoir mangé son argent dans la capitale, se plaint des injustices du siècle. Il était venu proposer un télégraphe de nuit, au moyen duquel on aurait vu aussi clair qu'en plein jour.

Le galant chasseur va courir les cailles pour les porter à son épouse, qui dans l'intervalle laisse chasser sur ses terres ; ce que je me garde bien de lui dire, pour ne pas troubler la paix du ménage.

Nous arrivons au Bourg-la-Reine. Je souhaite un bon voyage à tout le monde, et je mets pied à terre pour aller fort lentement ; car tel est mon dessein toutes les fois qu'un village me paraîtra mériter quelqu'attention.

Dès l'origine, ce bourg fut, selon les uns, appelé *Briquet*, à cause d'un pont de briques voisin ; et, selon les autres, *Vertpré*, à cause de sa situation au milieu des prairies; mais à l'époque où la reine Blanche vint occuper le château de Laï (1) situé dans les environs, elle fit loger son monde dans ce village, et dès-lors on crut devoir l'appeler *Bourg-la-Reine* (2).

Plusieurs historiens rapportent qu'il n'y a point de lieu qui ait été plus chanté que celui-ci par les Trouvères, et non les Troubadours. Cependant, malgré toutes mes recherches dans les manuscrits de la Bibliothèque du Roi, je n'ai pu découvrir une seule pièce à l'appui de cette assertion. Un point sur lequel on s'accorde généralement, c'est qu'il existe dans ce vallon un enclos et une maison assez remarquable, qu'on prétend avoir été bâtie sous Henri IV pour la *charmante Gabrielle*, dont Voltaire a dit :

« . . . . La main de la nature,
De ses aimables dons la combla sans mesure. »

HENRIADE.

Voici une lettre que ce grand Roi lui écri-

---

(1) Le château de Laï a été détruit en partie; cependant, on y voit encore un escalier tel qu'il était du temps de la Reine Blanche. Il appartient à M. Despréaux.

(2) Sauval pense que ce fut à l'occasion d'un duel que ce village changea de nom. Voyez la page 659, tome II, à l'article *des Duels*.

mon cher cœur, j'ay esté ennuyé ce matyn par une lettre, quy me randera cette journée plus heureuse, et me mettra an bonne humeur, vous me desplesès toutefoys de me vouloyr retarder le contantemant de vous voyr, mays je ne vous an croyré pas, retardes une journée pour mon avyrsée, et sy elle vous est necessayre, remetés à moy à vous ouvryr la vene, je ne say quy vous à dyt que f'avoys foueté nre fyl[s] car cela na poynt esté, je fyniré donc ma chere ame an vous donnant le bonjour, et un mylyon de besers, atandant à demayn que je

vous ambraseré tout mon saoul de bon cœur et que je sache de mayn de vos nouvelles par les chemyns S H B

vait, et où règnent cette vivacité, cette franchise, cette tendresse qui le caractérisaient. J'ai d'autant plus de plaisir à la joindre à mon voyage, que j'ai acquis la certitude qu'elle n'a point été imprimée, et que d'ailleurs je l'ai copiée sur l'original telle qu'elle est, et non sur des copies, comme le font tant d'autres :

« Mon cher cœur, jay esté éveyllé ce matyn par vostre lettre qui me randra cette journée plus heureuse, et me mettra an bonne humeur. Vous me despleses toutefoys de me voulloyr retarder le contantement de vous voyr; mais ie ne vous an croyré pas. Retardés vostre segnée pour mon arryvée, et sy elle vous est necesayre, remetés à moy à vous ouvryr la vene. Je ne say quy vous a dyt que javoys fouété nostre fylz, car cela na poynt esté. Je fynyré donc, ma chere ame, an vous donnant le bon jour et un mylyon de besers, atandant à demayn que ie vous embrasseré tout mon sou et de bon cœur. Que je sache demayn de vos nouvelles par les chemyns.

                                    H. »

Ce fut dans cette même maison que se fit

une entrevue entre Louis XIV et l'infante d'Espagne. Il devait s'en faire une autre avec Louis XV; mais la duchesse du Maine fit prier l'infante de descendre chez elle au château de Sceaux, et le Roi ne manqua point de s'y rendre au mois de mars 1722.

Toute cette propriété de Gabrielle appartient aujourd'hui à M. Chrétien-Lalanne, médecin distingué, qui a loué le corps du bâtiment qu'occupait Henri IV, à madame Godemer, qui y tient une pension de demoiselles. Elle était tenue il y a quelques années par M. et madame de Saint-Cyr, qui ont cédé leur établissement à la dame Godemer.

> C'est là, dit-on, que, rassurées
> Sur le soutien de leurs vieux ans,
> Les mamans placent leurs enfans,
> En attendant que les années
> Les rendent propres à l'hymen;
> Et le voisin, qui de la belle
> Sait la dot, demande sa main
> Aux parens de la demoiselle :
> Il est connu, l'on y consent;
> Et le futur sait ce qu'il prend.

L'inscription qu'on lit sur la porte de l'église du Bourg-la-Reine, et ainsi conçue:

« IL FAUT ADORER DIEU EN ESPRIT ET EN VÉRITÉ. »

m'engage à visiter l'intérieur du monument. J'entre, et je lis que ce fut en 1152 qu'il fut permis aux religieuses de Montmartre de bâtir cette église, dont Saint-Gilles est le patron. On y voit ce Saint, peint par Restout en 1746, et qui me paraît l'un de ses bons ouvrages.

Une chose que je ne dois point passer sous silence en parlant du Bourg-la-Reine, c'est la fin malheureuse de Condorcet. Personne n'ignore que ce Savant, mis hors la loi, vêtu d'une simple veste, et la tête couverte d'un bonnet, alla demander un asile dans la maison de campagne de M. ***, son confrère à l'Académie. Ne le trouvant point, il court se cacher dans les carrières; mais, pressé par la faim, il sort, entre dans un cabaret; et, pendant qu'il mange une omelette, un membre du comité révolutionnaire le reconnaît, le fait arrêter et conduire au cachot du Bourg-la-Reine. Le lendemain, 28 mars 1794, on le trouve mort. On présume qu'il s'empoisonna avec une *pillule philosophale* qu'il portait avec lui dans un petit œuf d'ivoire, qui n'avait l'air que d'une breloque de montre, et dont la recette est attribuée au fameux médecin Barthez.

Je me dirige vers la dernière demeure de ce Savant. En chemin, j'apprends que le cimetière vient d'être vendu, et que mademoiselle Pichard en a fait l'acquisition par respect pour les cendres de ses parens. J'entre dans l'asile des morts. Quel est mon étonnement, lorsque j'obtins la certitude que les dépouilles du secrétaire-perpétuel de l'Académie des Sciences ne sont pas même recouvertes d'une simple pierre, tandis que l'on voit souvent ériger des monumens à la mémoire des administrateurs! Pense-t-on qu'il soit aussi facile de faire des hommes tels que Condorcet, qu'il l'est aux ministres des rois de faire des administrateurs d'un trait de plume?

Je sors de ce triste lieu et je continue mes courses. Après quelques instans de marche, j'arrive à Berny, où jadis les abbés de Saint-Germain-des-Prés avaient leur maison de plaisance, bâtie par François Mansard. Du temps du cardinal de Furstemberg, les jardins, quoique d'une très-petite étendue, étaient si jolis et si bien cultivés, que les curieux de Paris venaient souvent les visiter.

Une route très-solitaire, mais fort belle, me conduit à Châtenay-lez-Bagneux (1), situé sur la pente d'un côteau, et dont le nom vient de châtaigniers, parce que jadis il y en eut beaucoup dans ce village. Aujourd'hui on n'y voit que des vignes, des prairies et une grande quantité d'arbres, qui offrent une variété pittoresque.

Il n'est pas douteux que Châtenay ne soit fort ancien, puisque Irmion, abbé de Saint-Germain-des-Prés, sous Charlemagne, en fait mention.

L'abbé Lebœuf a prétendu que la tour, qui sert de clocher à l'église, avait cinq cents ans; mais, s'il avait lu la date qui se trouve encore sous la clef de la voûte de la chapelle latérale, dédiée à sainte Geneviève, il aurait vu qu'il y avait en chiffres romains D CCCC XIX. D'ailleurs les colonnes qu'on remarque dans l'intérieur de l'église, sous le titre de Saint-Germain, évêque d'Auxerre, annoncent le goût du 10ᵉ siècle.

On lisait dans le sanctuaire une inscrip-

_____

(1) Appelé *Châtenay-lez-Bagneux*, parce qu'il est proche de Bagneux, et pour le distinguer d'un autre Châtenay près Montmorenci.

tion, gravée sur un marbre noir, qui rappelait qu'en 1713 l'abbé Malézieu, fils du savant académicien, fut sacré dans cette église évêque de Lavaur. Cette inscription fut enlevée au commencement de la révolution. Il serait d'autant plus facile de la replacer, que j'ai la certitude que M. Gittard, habitant de Châtenay, en est possesseur. Le savant Malézieu y fut inhumé en 1727 au milieu de la nef, et plus tard un de ses fils. Lors de la terreur, on enleva leurs cercueils de plomb pour les porter à Paris. C'est ainsi qu'on vit insulter les morts, pour exterminer les vivans.

La porte de cette église, qui était d'une largeur démesurée, a été refaite en 1817, et l'on a saisi cette occasion pour donner plus de largeur à l'édifice. Une boîte de plomb, renfermant une plaque de marbre, scellée sous la première pierre, retracera aux générations futures l'époque de cette amélioration.

Un trait de charité et de justice à la fois, que je ne dois point omettre, quoique su de tout le monde, c'est celui qu'exerça la *bienheureuse* reine Blanche en faveur des habitans de ce village.

De Paris autrefois le Chapitre inhumain,
Des serfs de Châtenay fut seigneur suzerain :
Un jour qu'ils n'avaient pu, réduits à la misère,
Pour leur *taille* amasser la somme nécessaire,
Le Chapitre en prison les fit soudain plonger,
Et, pour comble d'horreur, leur refuse à manger,
Sans craindre, en punissant une aussi faible injure,
D'outrager à la fois le ciel et la nature.
Blanche alors de la France administrait l'Etat;
Frémissant au récit d'un si noir attentat,
D'abord avec douceur la reine se comporte,
Priant que du cachot on leur ouvre la porte;
Du Chapitre en courroux l'inflexible rigueur,
Au lieu d'acquiescer aux désirs de son cœur,
Fit encore entasser dans ces réduits infâmes,
Des serfs infortunés les enfans et les femmes,
Au point que la chaleur, ce dévorant poison,
De cadavres bientôt encombra la prison.
Blanche, pleurant le sort de ces tristes victimes,
Suit d'un noble courroux les transports légitimes;
Vole aux serfs; et, forçant leur ténébreux séjour,
Les rend tous d'un seul mot à la clarté du jour ;
Du Chapitre saisit les coupables richesses,
A ces infortunés prodigue ses largesses;
Et, les affranchissant des impôts onéreux,
Qu'un clergé trop avare osait lever sur eux,
Idole des Français, entend un peuple immense
Admirer sa justice et bénir sa clémence.

  On remarque dans ce riche village (1) des

---

(1) Ce village paye 25,000 francs de contributions.

maisons de plaisance bâties avec beaucoup de goût; une de celles qui m'ont paru les plus agréables, appartient à monseigneur de Villaret, ancien évêque de Casal, et natif de Rhodez.

Mais, une des choses dont se glorifient les habitans, c'est que ce lieu a vu naître Voltaire.

Puisque les biographes de cet homme étonnant ne sont pas d'accord sur le jour de sa naissance; le passage suivant, extrait d'une lettre de Voltaire lui-même, écrite le 20 février 1765 à M. de Cideville, lèvera tous les doutes à cet égard (1): « J'entre aujourd'hui dans ma soixante-douzième année; car je suis né en 1694, le 20 février, et non le 20 de novembre, comme le disent les commentateurs mal instruits. »

Comme on aime à lire tout ce qui est sorti de la plume de cet écrivain, si gracieux quand il plaisante, si brillant quand il s'élève, voici deux de ses lettres inédites que j'ai copiées moi-même sur un manuscrit autographe, et qu'on trouvera plus tard dans l'édition de M. Beuchot:

---

(1) La date de Condorcet est la seule exacte.

» A Francfort sur le Mein.
Au Lyon d'or 5 juin.
Secrète.

» MONSIEUR,

» A qui puis-je mieux m'adresser qu'à Votre Excellence, elle m'a comblé de ses bontez, elle m'a procuré des marques de la bienveillance de leurs Majestez impériales, et je regarde aujourd'huy comme un de mes devoirs de n'implorer que sa protection. Je suis sûr du secret de Votre Excellence. Elle verra de quelle nature est l'affaire dont il s'agit, par la lettre à cachet volant que je prends la liberté de mettre aux pieds de sa sacrée Majesté l'Empereur.

» Elle verra que ce qui se passe à Francfort est d'un genre bien nouveau; elle sentira assez quel est mon danger de recourir à sa sacrée Majesté, dans des conjonctures où tout est à craindre, avant qu'un étranger qui ne connait personne dans Francfort, puisse se soustraire à la violence.

» J'espère que ma lettre et les ordres de Sa Majesté impériale pourront arriver à tems. Mais si vous avez la bonté, Monsieur, de me protéger dans cette circonstance étonnante, je vous supplie que tout cela soit dans le plus grand secret. Celuy que mon persécuteur, le sieur Freitag, ministre du roy de Prusse, garde soigneusement, prouve assez son tort et ses mauvais desseins.

» Je ne puis me deffendre qu'avec le secours d'un ordre aussi secret adressé à Francfort à quelque magistrat attaché à Sa Majesté impériale. C'est ce que j'attends de l'équité et de la compassion de Votre Excellence.

» Mon hôte, chez qui je suis en prison par un attentat inouï, m'a dit aujourd'huy que le ministre du roy de Prusse, le sieur Freitag, est en horreur à toute la ville, mais qu'on n'ose luy résister.

» Votre Excellence est bien persuadée que je ne demande pas que Sa Majesté impériale se compromette. Je demande simplement qu'un magistrat à qui je serai recommandé, empêche qu'il ne se fasse rien contre les loix.

» Je supplie Votre Excellence de vouloir bien m'adresser sa réponse par quelque homme affidé, sinon je la prie de daigner m'écrire par la poste d'une manière générale. Elle peut assurer l'Empereur, ou sa sacrée Majesté l'Impératrice, que si je pouvais avoir l'honneur de leur parler, je leur dirais des choses qui les concernent; mais il serait fort difficile que j'allasse à Vienne incognito, et ce voyage ne pourrait se faire qu'en cas qu'il fût inconnu à tout le monde.

» J'appartiens au Roy de France. Je suis incapable de dire jamais un seul mot qui puisse déplaire au Roy mon maître, ni de faire aucune démarche qu'il pût désaprouver. Mais ayant la permission de voyager, je puis aller partout sans avoir de reproches à me faire, et peut-être mon voiage ne serait pas absolument inutile. Je pourrais donner des marques de ma respectueuse reconnaissance à leurs Majestez impériales, sans blesser aucun de mes devoirs. Et si dans quelque tems, quand ma santé sera raffermie, on voulait seulement m'indiquer une maison à Vienne où je pusse être inconnu quelques jours, je ne ballancerais pas.

» J'attends vos ordres, Monsieur, et vos bontez, et je suis avec la reconnaissance la plus respectueuse,

Monsieur,

De Votre Excellence le très-humble
et très-obéissant serviteur,

VOLTAIRE,
Gentilhomme ord. de la chambre du Roy très-chrétien. »

« A Frankfurth 5 juin 1753.

» SIRE,

» C'est moins à l'Empereur qu'au plus honnête homme de l'Europe, que j'ose recourir dans une circonstance qui l'étonnera peut-être, et qui me fait espérer en secret sa protection.

» Sa sacrée Majesté me permettra d'abord de luy faire voir comment le roy de Prusse me fit quitter ma patrie, ma famille, mes emplois, dans un âge avancé. La copie cy-jointe que je prends la liberté de confier à la bonté compatissante de sa sacrée Majesté, l'en instruira.

» Après la lecture de cette lettre du roy de Prusse, on pourrait être étonné de ce qui vient de se passer secrettement dans Francfort.

» J'arrive à peine dans cette ville le premier juin, que le sieur Freitag, résident de Brandebourg, vient dans ma chambre, escorté d'un officier prussien et d'un avocat qui est du Sénat, nommé Rüker. Il me demande un livre imprimé contenant les poésies du Roy son maître, en vers français.

» C'est un livre où j'avais quelques droits, et que le roy de Prusse m'avait donné, quand il fit les présens de ses ouvrages.

» Je dis au résident de Brandebourg que je suis prest de remettre au Roy son maître les faveurs dont il m'a honoré, mais que ce volume est peut-être encore à Hambourg dans une caisse de livres prête à être embarquée, que je vais aux bains de Plombières, presque mourant, et que je le prie de me laisser la vie en me laissant continuer ma route.

» Il me répond qu'il va faire mettre une garde à ma porte; il me force à signer un écrit par lequel je promets de ne point sortir jusqu'à ce que les poésies du Roy son maître soient revenues, et il me donne un billet de sa main conçu en ces termes :

« Aussitôt le grand ballot que vous dites
» d'être à Leipzick ou à Hambourg sera arrivé, et que vous aurez rendu l'Œuvre de
» Poésies à moy, que le Roy demande, vous
» pourrez partir où bon vous semblera. »

» J'écris sur-le-champ à Hambourg pour faire revenir l'*Œuvre de Poésies* pour lesquelles je me trouve prisonnier dans une ville impériale, sans aucune formalité, sans le moindre ordre du magistrat, sans aucune apparence de justice. Je n'importunerais pas sa sacrée Majesté, s'il ne s'agissait que de rester prisonnier, jusqu'à ce que l'*OEuvre de Poésies* que M. Freitag redemande fût arrivé à Francfort. Mais on me fait craindre que M. Freitag n'ait des desseins plus violens en croyant faire sa cour à son maître, d'autant plus que toutte cette avanture reste encor dans le plus profond secret.

» Je suis très-loin de soupçonner un grand Roy de se porter pour un pareil sujet à des extrémités que son rang et sa dignité désavoueraient, aussi bien que sa justice, contre un vieillard moribond qui lui avait tout sacrifié, qui ne lui a jamais manqué, qui n'est point son sujet, qui n'est plus son chambellan, et qui est libre. Je me croirais criminel de le respecter assez peu, pour craindre de lui une action odieuse. Mais il n'est que trop vraisemblable que son résident se portera à des violences funestes, dans l'ignorance où il est des sentimens nobles et généreux de son maître.

» C'est dans ce cruel état qu'un malade mourant se jette aux pieds de votre sacrée Majesté, pour la conjurer de daigner ordonner, avec la bonté et le secret qu'une telle situation me force d'implorer qu'on ne fasse rien contre les loix à mon égard, dans sa ville impériale de Francfort.

» Elle peut ordonner à son ministre en cette ville de me prendre sous sa protection; elle peut me faire recommander à quelque magistrat attaché à son auguste personne.

» Sa sacrée Majesté a mille moyens de protéger les loix de l'Empire et de Francfort : et je ne pense pas que nous vivions dans un tems si malheureux, que M. Freitag puisse impunément se rendre maître de la personne et de la vie d'un étranger, dans la ville où sa sacrée Majesté a été couronnée.

» Je voudrais avant ma mort pouvoir être assez heureux pour me mettre un moment à ses pieds. Son altesse royale madame la duchesse de Lorraine, sa mère, m'honorait de ses bontez. Peut-être d'ailleurs sa sacrée Majesté pousserait l'indulgence jusqu'à n'être pas mécontente, si j'avais l'honneur de me présenter devant elle et de lui parler.

» Je supplie Sa Majesté impériale de me pardonner la liberté que je prens de luy écrire, et surtout de la fatiguer d'une si longue lettre; mais sa bonté et sa justice sont mon excuse.

» Je la supplie aussi de faire grace à mon ignorance, si j'ay manqué à quelque devoir dans cette lettre, qui n'est qu'une requête secrette et soumise.

» Elle m'a déjà daigné donner une marque de ses bontez, et j'en espère une de sa justice.

» Je suis avec le plus profond respect comme avec reconnaissance,

» Sire,

» De votre sacrée Majesté, le très-humble et très-obéissant serviteur,

» Voltaire,

» Gentilhomme de la chambre de Sa Majesté très-chrétienne. »

Un petit chemin assez joli, bordé de noyers, puis de saules d'un côté, et de peupliers d'Italie de l'autre, me conduit bientôt à Sceaux (1). Le château, dont l'origine da-

---

(1) On écrivait jadis *Ceaux*, du latin *Cellœ*, parce qu'avant la formation de ce village, les maisons qu'on voyait çà et là ressemblaient à des cabanes de vignerons. Ce ne fut qu'à l'époque où le grand Colbert fit bâtir le château, que l'on écrivit *Sceaux*, comme garde-des-sceaux.

tait du 15ᵉ siècle, fut reconstruit dans un nouveau goût par l'illustre protecteur des sciences et des arts, le grand Colbert. Il fit faire les peintures par Lebrun, qui déjà avait immortalisé ses pinceaux. Les jardins, imités de ceux de Versailles, le parc et les bosquets, furent dessinés par le Nôtre; et la sculpture de Girardon, toujours pleine de grâces, et celle de Pujet, plus expressive, servirent à les décorer et à les embellir. Dès ce moment, cette maison de plaisance fut un objet d'admiration; aussi Louis XIV y vint-il dans deux circonstances différentes. Le marquis de Seignelay, fils de Colbert, en jouit jusqu'en 1690, époque de sa mort.

En 1700 le duc du Maine, devenu possesseur de ce château, le fit encore augmenter. Il y consacra des sommes immenses, qui furent toujours employées par le goût. Un théâtre y fut construit; et, après sa détention et celle de son épouse, qui ne furent dues qu'à l'ambition de la duchesse, ils se retirèrent dans ce lieu de délices, qui devint dès-lors le rendez-vous des savans et des hommes de lettres les plus distingués.

Là se trouvait ce que notre patrie
Offrait de grand et d'aimable à la fois;

Et là régnait cette galanterie,
Dont aujourd'hui l'on méconnaît les lois :
Et bien qu'au fait, la duchesse du Maine
De ses attraits ne pût être fort vaine (1),
De son époux elle conquit l'amour,
Et sut bientôt présider cette cour.
Personne, au reste, avec plus de justesse,
De netteté, de grâce et de noblesse,
Ne s'exprimait dans ce brillant séjour.
Parmi la foule, empressée à lui plaire,
On remarquait le galant Saint-Aulaire,
Que la Princesse appelait tour à tour
Son Apollon et son Berger fidèle :
On vit encor s'introduire auprès d'elle
Ce Malézieu, bon auteur, bon acteur,
Et qui, comblé des dons de la nature,
De la science unit la profondeur
Au goût exquis de la littérature :
Pour se revoir encor plus fréquemment,
(Tant elle aimait ses nombreuses saillies,
Toujours de sel et d'agrémens remplies,)
Il en obtint près d'elle un logement.
Le gai Chaulieu, des grâces le modèle,
L'abbé Genest, Lamotte, Fontenelle
Dont l'entretien pétillait de traits fins,
Et de récits, moins méchans que malins,

---

(1) On lit dans les Mémoires de mademoiselle de Launay, que la duchesse du Maine n'était ni jolie ni bien faite. Il est vrai que Piron, dans sa Métromanie, dit :

« Les personnes d'esprit sont-elles jamais laides ? »

Voltaire enfin, dont la muse facile
Y composa ses plus jolis romans (1),
Par leurs écrits enchantant cet asile,
A cette cour ont servi d'ornemens.

---

(1) Condorcet dit que Voltaire « fit Sémiramis, Oreste et Rome sauvée, à Sceaux, chez madame la duchesse du Maine.... Cette princesse aimait Cicéron, et c'était pour le venger des outrages de Crébillon qu'elle excita Voltaire à faire *Rome Sauvée.* »

Ce fut à la fin de 1747 que Voltaire se retira à Sceaux. (Voyez Lettre à M. de Cideville, 2 janvier 1748.) Il y resta environ deux mois.

La première fois que Voltaire parle de *Sémiramis*, c'est dans une lettre à l'abbé d'Olivet; les comédiens demandent Sémiramis, *quod reverendi patris de Nivelle comœdia non placuerit*: ces mots doivent donner la date de cette lettre. La *Gouvernante*, comédie de Lachaussée, eut un grand succès le 18 janvier 1747 : il n'en fut pas de même de l'*Amour Castillan*, fille du même auteur, jouée le 11 avril 1747. C'est par conséquent de la fin d'avril que doit être la lettre de Voltaire à d'Olivet. Voltaire avait donc fait la pièce avant d'aller à Sceaux. Cette tragédie fut jouée le 29 août 1748.

Rome Sauvée, intitulée d'abord *Catilina*, fut commencée à Lunéville en 1749. Voici ce que Voltaire écrivait de cette ville à M. d'Argental, le 12 août 1749. « Le trois du présent mois, ne vous en déplaise, le diable s'empara de moi et me dit : *Venge Cicéron et la France, lave la honte de ton pays.* Il m'éclaira, et me fit imaginer l'épouse de Catilina, etc. Ce diable est un bon diable; mes anges, vous ne feriez pas mieux. Il me fit travailler jour et nuit. J'en ai pensé mourir. Mais qu'importe ? en huit jours, oui en huit jours et non en neuf, *Catilina* a été fait. » Le Catilina de Crébillon n'avait

Ces mêmes personnes se réunissaient à Paris, deux fois par semaine, chez madame de Lambert, dont l'aimable Bachaumont, son beau-père, avait formé l'esprit et le jugement. Le mardi était réservé pour les personnes du premier rang, et le mercredi pour les artistes, les virtuoses et les savans du second ordre. A ce propos, voici une lettre inédite de la duchesse du Maine à Lamotte, qui prouvera ce que je viens d'avancer :

» Ce lundy.

» Louise-Bénédicte de Bourbon est très-contente de l'attention que vous avez eüe à luy envoyer vostre livre, qu'elle attendait avec grande impatience. Elle y a trouvé une

---

été joué que le 21 décembre 1748, c'est-à-dire un an après que Voltaire était sorti de Sceaux.

Oreste, qui est dédié à la duchesse du Maine, mais qui ne fut joué que le 12 janvier 1750, n'avait été conçu qu'en août 1749, témoins ces mots d'une lettre à Voisenon, du 4 septembre : « J'ai eu une nouvelle grossesse et j'ai fait sur-le-champ *Electre* ; » et encore ceux-ci de la lettre à d'Argental, du 3 octobre 1749 : « Depuis le 15 auguste jusqu'au 1ᵉʳ septembre j'avais travaillé à *Electre*, et je l'avais même entièrement achevée. »

Ainsi, aucune de ces trois pièces n'a été composée ni conseillée à Sceaux.

Épistre dédicatoire charmante ; cependant elle se plaint de ce que la lettre que vous luy avez écrite est beaucoup trop sérieuse et tellement remplie de respect, que vous manquez à celuy que vous luy devez. Adieu, elle vous ira voir mardy chez madame de Lambert, et vous recommande fort de ne pas manquer au rendez-vous.

» *P. S.* Un des quarante de l'Académie française, que je ne veux pas nommer pour son honneur, demande comment il faut écrire l'impératif du verbe *secourir* à la première personne. M. Lamotte le fera écrire sur le papier s'il lui plaît. »

Quoique déjà vieux et tourmenté par la goutte, Lamotte fit un grand nombre de vers pour la duchesse du Maine, qui les aimait beaucoup; mais on ne distingue point dans sa poésie cette fleur de galanterie, cet abandon plein de naturel qu'on trouve dans ses lettres.

Le morceau suivant de la duchesse, qui n'est point connu, prouve que Lamotte devint amoureux de cette princesse :

« NOELS

SUR L'AIR : *Vous qui désirez sans fin*, etc.

Vous qui désirez savoir
Par quel hasard
L'amour mit sous mon pouvoir
Lamotte Houdart,
Ludouise est de l'histoire;
Or ainsi
Elle est digne de mémoire,
La voicy :

Ce fut par un beau mardy
Que cet enfant,
Aussi malin qu'étourdi,
En se jouant,
Laissa tomber de son aile,
Avec art,
Une plume plus mortelle
Que son dard.

Ce trait qu'il lançait au cœur
S'en écarta,
Et sur l'esprit, par malheur,
Le coup porta.
Cet accident lui présage
Que son sort
Est de subir l'esclavage
Ou la mort.

Il offre pour sa rançon
Certain respect,

De si nouvelle façon
    Qu'il est suspect.
On l'admet sans préjudice,
    Prétendant
Qu'en prose et vers il fournisse
    L'excédant.

Le héros de mon roman,
    Prêt à périr,
N'a qu'un certain talisman
    Pour se nourrir.
On y voit des caractères
    Constellés,
Mais voici leurs hauts mystères
    Dévoilés.

Sagesse, esprit et beauté
    Sous un seul nom
Soutenus de dignité
    Et de renom,
Sont renfermés dans ce gage
    Tant aimé;
Houdart par cet assemblage
    Est charmé.

Amour jette un fin regard
    Sur tout cecy;
On dirait qu'il y prend part
    Jusques ici.
Il s'avance sans rien dire.
    Alte-là,
Ce dieu ne songe qu'à rire,
    Et rira. »

Après la duchesse du Maine, le château de Sceaux passa au comte d'Eu, son fils; et, en 1775, il appartint à la maison de Bourbon-Penthièvre, qui le posséda jusqu'à l'époque de la révolution (1). Malheureusement pour les arts, un nouvel acquéreur mit tout en valeur, et la charrue passa partout (2).

Cependant, avant la vente de ce domaine, des précautions furent prises pour conserver les objets de sciences et d'arts qui pouvaient se déplacer. Une commission, composée de savans et d'artistes, dont le zèle infatigable regardait comme une conquête tous les monumens qu'elle arrachait à l'ignorance, fit transporter, au jardin du

---

(1) Lors des événemens de 1793, madame la duchesse douairière d'Orléans fut mise en détention à Paris et privée de ses revenus. On vit venir une pauvre femme de Sceaux, lui portant dans sa prison, durant dix-huit mois, du lait et de la crème. Cette princesse ayant recouvré la liberté, son premier soin fut de faire venir la paysanne et de lui demander son mémoire. Hélas! lui répondit-elle, votre Altesse me l'avait payé d'avance. Vous êtes, Dieu merci, en liberté; je suis cette pauvre femme pour qui vous ayiez fait bâtir une petite maison, et ma vache ne mange que l'herbe du parc qui vous appartient.....

(2) Cet acquéreur était un certain M. Lecomte.

Luxembourg et aux Petits-Augustins, l'Hercule Gaulois, ouvrage du célèbre Pujet; la statue de Diane, en bronze, donnée à Servien par la reine Christine, qui renonça fort jeune à la souveraineté, et qui appelait la Cour *le Paradis des méchans*. Le groupe des Lutteurs, en marbre blanc; le Silène élevant Bacchus, l'Antinoüs, furent également conservés; et la bibliothèque, qui renfermait des éditions du premier âge de l'imprimerie, d'autant plus précieuses qu'elles sont fort rares, fut portée dans un des neuf dépôts de Paris qui existaient alors (1).

---

(1) A l'époque dont je parle, il fut décidé, par ordre supérieur, que tous les livres de théologie et de dévotion seraient envoyés à l'Arsenal pour en faire des cartouches et des gargousses. Je me rappelle avoir entendu raconter le fait suivant :

Un bouquiniste, aujourd'hui riche libraire, apprend, le 5 germinal an 6, qu'on va transporter le dépôt de Sceaux à l'Arsenal. L'intérêt s'endort difficilement chez les libraires! Il part pour ce château, s'entend avec le voiturier chargé du transport des livres; et, au lieu d'être remis à l'Arsenal, ils furent portés chez lui. Ces livres ne tardèrent pas à être expédiés pour l'Angleterre, où l'on en retira des sommes immenses: il est vrai que le bouquiniste envoya en échange des rames de mauvais papier, assez bon néanmoins pour des cartouches.

On peut voir, dans un rapport sur les destructions opé-

Un voyageur, ami de la gloire de son pays, qui passait à Sceaux au moment où l'acquéreur faisait démolir, irrité d'une semblable destruction, arrive à Paris, fait rassembler plusieurs de ses amis et leur tient le discours suivant :

« On ne peut faire un pas, dit-il, sans rencontrer des ruines déplorables, qui attestent que le droit d'acquérir est aujourd'hui le droit de détruire les monumens qui faisaient l'ornement de la France et l'admiration des étrangers. Un autre acquéreur pourra bien relever un jour les ruines entassées par les spéculations du propriétaire actuel ; mais rien ne pourrait réparer la destruction de la chapelle, qui heureusement subsiste encore : bientôt elle ne sera plus, si l'on ne s'empresse de prévenir ce malheur. La voûte de cette chapelle, l'une des plus belles que je connaisse après la voûte du ciel, est l'ouvrage de l'immortel Lebrun, et

---

rées par le vandalisme, que « le Missel de la chapelle de Versailles allait être livré pour faire des gargousses, lorsque la bibliothèque, dite alors *nationale*, s'empara de ce livre, dont la matière, le travail, les vignettes et les lettres historiées sont des chefs-d'œuvre. »

la gravure qu'en a faite Gérard-Audran, sera conservée, tant que le goût des arts ne sera pas totalement éteint (1).

» Est-il donc bien vrai que ce qui tient à la gloire d'une nation puisse tellement devenir la propriété d'un particulier, qu'il lui soit permis d'anéantir les titres de son éclat, et qu'il existe des hommes assez peu touchés de l'honneur de leur pays, pour ne pas respecter comme un dépôt le chef-d'œuvre que le malheur des temps a fait passer dans leurs mains?

» Ne pouvant que former d'inutiles regrets de n'avoir point à moi seul des moyens suffisans pour conserver un monument si précieux, une souscription de la part des artistes, suffirait pour la conservation de cet édifice. Il existe encore beaucoup d'hommes qui vivent la plupart dans le mal-aise et dans l'oubli; mais, malgré la modicité de leur fortune, ils s'empresseront d'apporter

---

(1) Cette chapelle était octogone et pavée en marbre. On y remarquait deux belles statues de Girardon, en marbre blanc, représentant le baptême de Jésus-Christ par Saint Jean, qu'on voit aujourd'hui sur le maître-autel de l'église de Sceaux. Le dôme, dont le sujet était l'ancienne loi accomplie par la nouvelle, était peint à fresque.

leur offrande aux mânes d'un peintre, admiré partout où les arts étendent leur domaine. Ce noble concours réveillera de leur apathie, pour tout ce qui est grand et beau, les hommes qui ont élevé de scandaleuses fortunes sur les dilapidations de la fortune de l'État, ou sur les débris de celle des particuliers; et ils reconnaîtront peut-être qu'il leur reste encore une porte ouverte à l'honneur par le bon emploi de leurs richesses. Le produit de la souscription sera employé à racheter du propriétaire la chapelle et un terrain environnant. Il y sera érigé un mausolée à la mémoire de Lebrun. La garde en sera confiée à un vieillard pauvre et vertueux, qui trouvera auprès de cette tombe révérée un asile que la vertu trouve rarement chez les vivans; et l'ombre immortelle du peintre français se plaira dans un lieu où elle aura assuré des secours au malheur. Là, l'étranger ira admirer cette production d'un artiste justement célèbre; là, le jeune peintre qui viendra étudier la perfection de son art, assis dans la même place d'où Lebrun observait l'effet de ses pinceaux, se sentira inspiré, et produira peut-être, à son tour, d'aussi brillans chefs-d'œuvre. Ce sera réaliser l'idée que les Génies habitent les tombeaux. »

Malgré ce désir louable, on ne put rassembler une somme assez forte pour cette acquisition, et tout fut détruit, excepté l'orangerie, le logement du jardinier, la cuisine, les écuries et quatre grandes figures en pierre, qu'on voit encore sur des piedestaux au milieu d'un champ de navets.

Mais, si tous ces monumens ont disparu, s'ils ont subi le sort de tant d'autres cités jadis célèbres, la mémoire du grand Colbert, malgré les Zoïles du temps (1), le souvenir des hommes de génie qui se rendaient dans ce séjour alors romantique, affronteront les siècles et resteront impérissables.

Je poursuis ma route; après quelques instans de marche, j'arrive dans un vaste jardin, situé le long du grand chemin qui con-

---

(1) Colbert avait fait mettre des impôts sur tant de choses, qu'un poëte, à sa mort, fit le quatrain suivant, qu'on peut lire dans le recueil manuscrit de chansons fait par M. de Maurepas :

« Quand Caron vit sur le rivage
Colbert venir, dit aussitost :
Ne vient-il pas mettre un impost
Sur mon pauvre passage ? »

duit à Versailles. Je monte sur une terrasse circulaire, où je trouve un vieillard qui m'apprend qu'il est organiste de Sceaux depuis vingt-cinq ans, et qu'il se nomme Alain : je lui demande à qui appartient ce jardin : Monsieur, me dit-il, c'est l'ancienne ménagerie, appelée aujourd'hui *le parc*. Plusieurs habitans de Sceaux, attristés de la destruction du château, achetèrent cette propriété pour qu'elle ne fût point détruite. Maintenant ces mêmes personnes la louent à M. Baillon, entrepreneur des bals, qui commencent dès la belle saison à cinq heures du soir, les jours de fêtes. Sur le terrain où nous sommes, et que vous voyez couvert de fleurs, fut jadis un charmant pavillon qu'habitait le sentimental Florian : je me rappelle l'y avoir vu souvent; c'est-là qu'il chantait l'amour et l'innocence, et qu'il termina sa carrière en 1794, à 39 ans. Mais, s'il n'est plus, du moins comme l'a dit un écrivain de nos jours,

« . . . . en dépit de l'envie,
De l'injure des ans, son nom sera vainqueur;
Et les productions de son heureux génie
Retraceront toujours les vertus de son cœur. » (1).

_____

(1) Lorsque Florian, qui entra à l'Académie française à

Jaloux de répandre quelques fleurs sur sa tombe, je m'achemine vers le second cimetière de Sceaux. Là, j'apprends d'une jeune personne que ce terrain fut vendu à l'enchère en 1814, et que M. Maufra, maçon, en fit l'acquisition, pour que les cendres de ses pères fussent en tout temps respectées : c'est ainsi que d'un intérêt particulier résulte un bien général.

Les dépouilles de l'auteur de *Numa* sont recouvertes d'une simple pierre, sur laquelle on lit :

« ICI

REPOSE LE CORPS

DE FLORIAN,

HOMME DE LETTRES.

MERCIER. »

Non loin de là gît Cailhava, qui, après Molière et Regnard, trouva à glaner chez Plaute et Aristophane. Un triste cyprès planté par sa fille adoptive, que ses vertus firent

---

33 ans, recevait de l'argent de son libraire, tout le monde sait qu'il en détachait une grande partie qu'il portait au curé de Saint-Eustache, son ami, pour qu'il le donnât aux pauvres.

nommer *la moderne Antigone*, prête son ombre aux cendres de son père. Mais lisons une lettre d'un poète élégiaque, qui retrace trop bien la conduite et les vertus de cette demoiselle, pour rester ignorée. Je la dois à l'amitié de M. B* de N***, à qui elle fut écrite :

« Paris, le 16 août 1813.

» Monsieur,

» J'assistai, mercredi dernier, au service que mademoiselle de Cailhava fit célébrer à Sceaux pour son père; et, après la cérémonie, je passai deux heures avec elle. J'eus donc tout le temps de lui faire, sur sa fortune ou plutôt son infortune, mille questions dictées par mon amitié pour son père et ma bienveillance pour elle. Ses réponses furent conformes à ce que je leur avais toujours entendu dire à l'un et à l'autre. Il y a quatre ou cinq ans qu'ils ont perdu vingt mille francs; c'était le plus net de leurs fonds (1). M. de Cailhava n'avait d'ailleurs que des pensions, et cette orpheline infor-

---

(1) A l'époque où Cailhava perdit les vingt mille francs, il demanda des faveurs accordées aux hommes de lettres, à un ministre qui ajourna la demande. Cailhava, rencontrant

tunée n'a d'autre ressource que dans la munificence du Gouvernement. Elle songeait déjà à entrer dans une maison comme gouvernante de demoiselles. Je lui ai fait, à cet égard, des représentations convenables, sans choquer son amour-propre.

» Je sais, et vingt autres savent, que cette demoiselle a refusé deux ou trois partis très-avantageux, parce qu'elle aurait été obligée de quitter Paris et son père. Elle a été, durant treize années consécutives, un modèle accompli de piété filiale, et du dévouement le plus délicat et le plus héroïque. Elle a passé huit mois entiers sans sortir de la maison, pour ne pas perdre de vue son père ; et depuis quatre ou cinq ans, elle avait abandonné sa chambre, pour coucher dans un petit réduit à côté de lui, et duquel elle l'entendait respirer. J'ai entendu dire au docteur Ménuret, son médecin, que M. Cailhava a dû la prolongation de sa vie aux soins éclairés et admirables que sa fille

---

cette Excellence peu de jours après, l'arrête et lui dit : Votre ame sensible a sans doute oublié à quel point le mot *ajourné* doit affliger l'oreille d'un vieillard qui, pressé par ses soixante et douze ans, ne peut ajourner les maux ni les besoins.

avait pris de lui, dans deux époques surtout où la nuit ne lui permettait pas d'appeler des médecins, durant des crises très-violentes où son père semblait avoir expiré.

» Il n'y a pas un père de famille, pas un homme de lettres, qui ne désire très-sincèrement que tant de piété soit récompensée. Vous êtes digne, Monsieur, en cette double qualité, d'exposer tant de mérite au Gouvernement, et de concourir à adoucir le sort de cette demoiselle. Je ne doute pas de vos excellentes dispositions à son égard, et je vous demande la permission de lui écrire, à ce sujet, quelques paroles qui portent la consolation dans son ame.

» Recevez, Monsieur, l'hommage de mes inviolables sentimens.

TRENEUIL. »

Le 29 du même mois, mademoiselle de Cailhava obtint du Gouvernement une pension de 600 francs.

Curieux de voir l'église, je m'y rends. On lit sur le second pilastre à droite, que « le chœur (1) fut rebâti par MM. de Tresmes et

---

(1) C'est au milieu du chœur que furent inhumés le duc

Colbert; la nef et les bas-côtés, par M. Guy-Louis Baudouin, curé de Sceaux, et qu'elle fut dédiée et consacrée le 6 juillet 1738, sous le titre et l'invocation de Saint Jean-Baptiste et Saint Mames, par monseigneur Hyacinthe Leblanc, évêque de Joppé, avec permission de monseigneur de Vintimille, archevêque de Paris, lequel accorda quarante jours d'indulgence à ceux qui visiteraient cette église le dimanche d'après l'octave de Saint Jean, jour fixé pour l'anniversaire de cette dédicace. »

Les vêpres à peine commencées, le curé, suivi d'une fort jolie demoiselle, fait la quête. Lui pour les frais de l'église, elle pour les pauvres. Un Monsieur qui glisse adroitement un petit papier dans la bourse de la jeune personne, me rappelle une anecdote inédite de la fin du 17e siècle. La scène se passa dans l'église de Saint-Gervais, à Paris.

Mademoiselle de Bourdeille faisait la quête dans cette paroisse, le jour de la fête patronale. Arrivée près du comte de Boursac, son parent et son ami, celui-ci, qui apparem-

---

et la duchesse du Maine, le premier en 1726, et la seconde en 1753.

ment avait alors plus de galanterie que de dévotion, mit, au lieu d'argent, le billet suivant dans la bourse de la jolie quêteuse :

« Quand dans la nef et dans le chœur,
Bourdeille fit la quête ;
Que du troupeau, que du pasteur
Elle eut fait la conquête,
L'amour qui la suivait de près,
Tant elle était jolie,
N'eut pas fait grâce à Saint Gervais
S'il eût été en vie. »

L'organiste touche des morceaux fort courts, mais religieux ; et en cela, il ne ressemble guère à nos organistes de la capitale. Je crois qu'il y a peu de lutrins de campagne où l'on chante aussi bien ; il est seulement dommage que les deux serpens aient une aussi forte ampleur de poumons : par leurs sons de Stentor, ils étouffent la voix harmonieuse et argentine de cinquante vierges, dont la plus laide m'a paru jolie ; il est vrai qu'elles avaient toutes un voile blanc sur la tête.

L'office divin étant fini, je vais dîner sous des bosquets fleuris chez le restaurateur Morel. Sa maison est à l'entrée du parc. Je me trouve placé près d'une jeune personne, qui dînait en tête-à-tête avec le baron de ***. — Que veux-tu, dit le Baron, pour dessert? — Une poire, répond la belle. On apporte deux poires qu'on assaisonne avec du Malaga. — Tu as eu là une bonne idée, reprend le Baron:

> Il faut, dans un repas, ménager tour à tour
> La poire pour la soif, et le vin pour l'amour.

Les poires mangées et le Malaga sablé, notre couple amoureux se lève et s'en va.... Dieu sait où. Pour moi, je dîne seul et fort à mon aise. Si la demoiselle qui sert était un peu moins lente, les mets n'en paraîtraient que meilleurs aux nombreuses sociétés qui s'y rendent; car vous n'ignorez pas qu'il est du bon ton pour nos Parisiennes de venir figurer au bal charmant, qui a lieu sous une fort belle rotonde, supportée par vingt-quatre colonnes et entourée de charmilles superbes. Les roses, les tubéreuses et les plus belles jacinthes du monde, parfument l'air à l'envi, pour faire plaisir à la troupe aimable et folâtre, qui vient embellir ce séjour enchanteur.

Quoiqu'à regret je quitte Sceaux. Des ombrages charmans, des allées solitaires, où les poëtes viennent chercher des inspirations et des souvenirs, me conduisent dans une vallée qui n'est due qu'à l'affaissement du terrain qui couvrait des carrières de plâtre, exploitées il y plusieurs siècles, et dont on retrouve les traces, lorsqu'on fouille dans ces endroits.

J'arrive à Fontenay-aux-Roses, appelé dans l'origine Fontenay-sous-Bagneux ou près Bagneux; mais, comme il se trouvait cinq villages de ce nom dans les environs de Paris, on crut devoir le nommer Fontenay-aux-Roses, tant pour ne pas le confondre, qu'à cause de la grande quantité de rosiers qu'on y voyait et qu'on y cultivait avec soin. Car vous n'ignorez pas qu'au 14° siècle, il s'établit au Parlement de Paris la coutume d'offrir à la Cour des couronnes de roses, et que c'était ici que se fournissait l'homme qui avait le titre de *Rosier de la Cour* (1).

---

(1) Dès les premières années du régime révolutionnaire, la mode changea. On se piqua de substituer les mauvaises odeurs aux bonnes, et les champs de Fontenay, si fertiles en rosiers, furent livrés à un autre genre d'agriculture. Maintenant les habitans de Puteaux, près Paris, se sont emparés de la majeure partie de ce commerce. Mais Fontenay continue à faire toujours celui d'une substance minérale, qui se

On trouve encore des haies de rosiers qui, durant la belle saison, bordent toutes les promenades de ce lieu de délices. On en voit aussi de dix à douze pieds de hauteur le long des rues, et principalement devant la porte de chaque maison :

> Dans Guy-Patin j'ai lu naguères
> Qu'autrefois nos apothicaires,
> Veillant au soin de la beauté
> Dont ils parfumaient la toilette,
> Dans ce séjour de volupté
> Venaient de roses faire emplette :
> Mais, par le plus grand des malheurs,
> Depuis, mainte Parisienne,
> Venant ici cueillir des fleurs,
> Chemin faisant, perdit la sienne.

La plupart des maisons ont de jolis jardins plantés dans le meilleur goût. Il y en a même où l'on remarque des terrasses ornées à chaque extrémité d'un berceau de verdure en

---

trouve en filons sous un sablon excessivement fin. Avant la révolution, on en transportait dans nos Colonies et nos comptoirs des Indes orientales, et surtout à Pondichéry. Actuellement on en expédie des tonneaux pour le Havre, afin d'être embarqués, sans en savoir la destination. En Russie, la statue du Czar Pierre, faite à Saint-Pétersbourg par Etienne Falconnet, a été entièrement coulée dans du sable de Fontenay-aux-Roses.

forme de dôme. Une des plus jolies et qu'habite M. le Dru, maire de ce village, fut celle de Scarron, le premier homme de son siècle pour le burlesque. Quoiqu'assiégé fort jeune de maladies douloureuses, on ne le vit jamais perdre sa gaîté : c'est-là que, par ses plaisanteries, il attirait les personnes les plus aimables et les plus ingénieuses de la Cour.

Jaloux de voir l'intérieur de cette maison, j'entre, et le propriétaire, amateur distingué des beaux-arts, se fait un plaisir de me montrer tout ce qui peut intéresser ma curiosité. Il me conduit d'abord dans la chambre à coucher du poète original. La première chose qui me frappe, c'est son portrait gravé en médaille, sur laquelle on lit :

« J'ai vaincu la douleur par les ris et les jeux. »

A côté, je reconnais la figure de Mignard, peinte par lui-même, et dont il fit présent à madame de Maintenon, veuve alors de Scarron. Non loin de là, les aquarelles d'Isabey, toujours pleines de grâce et de fraîcheur, rajeunissent l'appartement. De la chambre à coucher, je passe dans un corridor, où je trouve deux cartes géographiques faites par Scarron, et dont on aurait peine à s'imaginer l'originalité et le temps qu'il a fallu pour les dresser.

Après avoir passé plus d'un quart d'heure à admirer d'autres objets non moins curieux, j'entre dans la maison de M. Lopez di Vega, qui a fait construire un puits qui a coûté plus de 40,000 fr., et puis dans celle qui appartint jadis à Louis Petit, médecin distingué de l'infortuné Louis XVI. De là je me rends à l'église, sous le titre de Saint Pierre et Saint Paul, qui date de la fin du 13e siècle (1). Cependant on serait tenté de croire, d'après la bâtisse, qui appartient à plusieurs époques différentes, qu'elle n'aurait été entièrement achevée que sous François 1er, ou du moins que la partie supérieure aurait été refaite sous ce règne; car les chapitaux des colonnes qui soutiennent les arceaux des voûtes, sont décorés de la salamandre, emblême favori

---

(1) Des historiens, ayant lu dans le Bréviaire de Paris, revu et réimprimé en 1680 par ordre de M. du Harlay, la station que fit à Fontenay, le 30 juillet 1109, la procession qui apportait la portion de la vraie croix, avaient cru que cette église était fort ancienne ; mais l'abbé Lebeuf a prouvé, dans une Dissertation particulière imprimée en 1743, que ce n'est pas à Fontenay-aux-Roses qu'eut lieu la procession, mais bien à Fontenay-sous-Louvres.

de ce monarque. Elle fut dévastée dans la révolution, et les habitans venaient y battre le blé. Elle était enfin dans un si grand délabrement, qu'il fut question de la détruire, il y a une quinzaine d'années. Mais heureusement M. Gommerat, desservant de cette succursale, prit sur lui le soin de la faire restaurer, avec le secours de plusieurs habitans de ce charmant village.

Le presbytère est à côté. C'est l'abbé Lartigue, que son dévouement à la cause royale conduisit à l'échafaud, qui le fit bâtir. Le jardin est vaste, et toute cette propriété appartient aujourd'hui à une famille juive.

> O Filles de la Providence,
> Ici, la veuve Polaillon,
> Pleine de zèle et de prudence,
> Pour vous fonder, vint de Lyon (1).
> Votre maison était ouverte
> A ces Vierges, que leur beauté,
> Leur abandon, leur pauvreté,
> Pouvaient entraîner à leur perte.
> Plus tard, de leur utilité
> Anne d'Autriche convaincue,
> Pour le bien de l'humanité
> Leur assigna toute une rue (2):

---

(1) En 1643.
(2) Rue de l'Arbalète, en 1651. On y vit en commençant

De St Lazare ce jeudy matin

Madame,

Madame, avecq toute l'humilité, & le respect
qui m'est possible, que je vous suplie prostrer
en esprit a vos piedz, de me pardonner si je
ne me rends aujourd'huy vers Monsieur du
frique selon vostre commandement, puisque
ne pouvant faire ce qu'il a proposé et fait
pour les raisons — de confiance que
je vous ay dites, Madame, j'aurois trop
d'affliction de refuser en présence — la
personne du monde, a laquelle j'ay plus
d'obligation & d'affection d'obeir, et je suis
donc il fuyt. vous protestant Madame
que j'aimerois mieux mourir, qu'il y alloit
de moy que de mon salut, et que tam
en fin que ce soit mon affection
pour ces bonnes filles, si je me

laissois aler aux mouuements de ma nation
je men prois les trouuer a lheure que je
vous parle,
   Et pour ce qui regarde Madamoiselle
Dauffr je luy marqueray Madame aulx
renuoir vos commendemens demain ou
apres Dieu aidant en tamour duquel je
suis

Madame

H Madame

                        Vre tres humble &
                        tres obeissant serviteur
                        Vincent Depaul
Madame la Marquise   indigne p^bre de la Mission
de Maiquelay

> Par son exemple et ses discours,
> Vincent de Paul leur fit entendre
> Que chaque pauvre à leur secours
> Avait toujours droit de prétendre.

Si l'on a vu durant des siècles des voyageurs aller à Châtillon-lès-Lombes, dont fut curé Saint Vincent-de-Paul, qui tenait les registres de l'état-civil, pour avoir un morceau de l'écriture de ce ministre de Dieu (1), dont il fut l'image sur la terre ; vous serez sans doute bien aise que je vous donne ici une de ses lettres en entier :

« A St-Lazare, ce lundy matin.

» Madame,

» C'est, Madame, avecq toute l'humillité, et le respect qui m'est possible, que je vous supplie, prosterné en esprit à vos pieds, de me pardonner si je ne me rends aujourd'huy chez M. Dufresne, selon vostre commandement, pour ce que ne pouvant faire ce qu'il

---

180 jeunes personnes. Voyez le père Hélyot, pour les statuts de cette congrégation.

(1) Cette anecdote rappelle qu'après la mort de Voltaire, on vit beaucoup de personnes, passant à Ferney, couper un morceau des rideaux de son lit.

a proposé de suite pour les raisons de conscience que je vous ay dites, Madame, j'aurois trop d'affliction de refuser en présent la personne du monde à laquelle j'ay plus d'obligation et d'affection d'obéir, du faict dont il s'agit vous protestant, Madame, que j'aimerois mieux mourir que de vous désobéir, s'il y alloist de moingts que de mon salut, et que tant s'en faut que ce soist manquer d'affection pour ces bonnes filles, que si je me laissois aller aux mouvemens de ma nature, je m'en yrois les trouver à l'heure que je vous parle.

» Et pour ce qui regarde mademoiselle Danse, je ne manqueroy, Madame, d'aller recevoir vos commandemens demain ou après, Dieu aidant, en l'amour duquel je suis, Madame,

» Vostre très-humble et très-obéissant serviteur,

Vincent de Paul,

Indigne prestre de la mission.

» A Madame, Madame la marquise de Maignelay. » (1).

---

(1) Jusqu'à présent on a été incertain sur la véritable orthographe du nom de ce Saint. La lettre qu'on vient de lire lève tous les doutes à cet égard, et prouve qu'il faut écrire *de Paul*.

Je m'achemine vers Châtillon, qui est à dix minutes de Fontenay-aux-Roses. Je ne trouve plus des rosiers, mais bien des petits sentiers de cerisiers, de noyers, de groseilliers et de fraisiers. L'on est d'autant plus aise de rencontrer de semblables productions de la nature, qu'il n'y a point de ruisseaux où le voyageur puisse se désaltérer. Si malheureusement un incendie se manifestait dans ce village, il serait la proie des flammes sans qu'on pût espérer de l'arrêter.

Il est impossible qu'un paysagiste trouve des points de vue aussi étendus, et à la fois aussi variés. En se plaçant sur le côteau qui domine Châtillon, l'on découvre sur tous les points des sites enchanteurs par leur beauté et leur variété. On voit Paris dans toute sa longueur, et la profonde vallée de Montmorenci sert de fond à ce vaste et riant tableau.

Plusieurs historiens, entre autres Valois, pensent que Châtillon a pris son nom de quelque forteresse. Il n'est pas douteux, s'il y en a jamais eu, qu'elle ne fût placée à l'endroit même où je suis, comme étant la position la plus élevée, et où se trouvent maintenant deux moulins à vent : ce qui est très-certain, c'est que ce village porte le nom de Châtillon depuis 1192.

L'église, sous le titre de Saint-Philippe et Saint-Jacques, quoique très-petite, est bien plus jolie que celle de Fontenay-aux-Roses. Elle paraît avoir été construite sous le règne galant de Charles VII (1), du moins le chœur rappelle ce temps; mais le reste de l'édifice me semble beaucoup plus moderne. La chapelle de Saint-Eutrope a été restaurée en 1610, et toute l'église en 1741; elle est humide et exigerait encore des réparations.

On remarquait, sous la chapelle de la Vierge, deux tombeaux de Jacques Tardieu, conseiller du Roi, et de son épouse, qui furent assassinés le jour de la Saint-Barthélemy (1665), par les deux frères Touchet, dans leur maison de Paris, quai des Orfévres.

Jacques Tardieu et Marie Férier, sa femme, sont aussi fameux par leur avarice que par

---

(1) Il n'est peut-être pas hors de propos, ne serait-ce que pour nos peintres et nos sculpteurs, de faire observer que, sous un règne renommé par la galanterie, l'usage de porter les cheveux très-courts s'introduisit en France; et que l'on vit les fameux la Trémouille, Dunois, Lahire, etc., non moins recommandables par leurs exploits que par leurs amours, avoir les cheveux ras.

leur mort funeste : Boileau les connaissait particulièrement, et c'est d'eux qu'il a voulu parler dans sa Satyre X^e, lorsqu'il dit :

« Peindrai-je son jupon bigarré de latin,
Qu'ensemble composaient trois thèses de satin,
Présent, qu'en un procès sur certain privilége
Firent à son mari les régens d'un collége ? »

Comme la terre de Châtillon leur appartenait, ils furent inhumés dans l'église de ce lieu. Au commencement de la révolution, on fouilla leur tombe pour en avoir les plombs, et leurs restes, peu respectés, furent portés au cimetière.

> On assure que ce village
> Avait jadis pour protecteur
> Un très-haut et puissant seigneur,
> Fort respecté du voisinage ;
> Et que, pour prix d'un tel honneur
> (Car tout se paye en ce bas monde),
> Chaque été, d'un mille à la ronde,
> Tous ses villageois lui portaient
> Force avoine qu'ils récoltaient.
> L'historien de l'aventure
> Me semble, entre nous, trop concis ;
> Car, son lecteur ne peut conclure
> Qui, des chevaux ou du marquis,
> Eut l'avoine pour nourriture.

La tradition rapporte aussi que, vers les

premiers jours d'octobre 1417, Jean, duc de Bourgogne, allant faire le siége de Montlhéry, campa sur le lieu le plus élevé de Châtillon, et se reposa contre un arbre sec, sur lequel il fit suspendre son étendart de guerre.

En sortant de Châtillon, on aperçoit sur la gauche une grande quantité de carrières, d'où l'on extrait des pierres énormes.

Après un petit quart d'heure de marche, j'arrive à Bagneux, village très-ancien qui était connu long-temps avant le règne de Charlemagne.

Des historiens ont prétendu que son nom venait de *Balneolum* ou *Balneola*, à cause des bains qu'ils ont cru y avoir existé; cependant la position de ce lieu ne paraît guère propre à avoir jamais eu des eaux abondantes. D'autres, peut-être plus sensés, ayant vu dans des chartes des 9e et 10e siècles, que son nom latin était *Baniolum*, en ont fait *Bannieux*, parce que ce village terminait la banlieue. Ainsi, *Bagneux* semblerait être une altération de *Bannieux*. Ce qu'il y a de certain, c'est que, vers le milieu du 14e siècle, on ajouta à Bagneux le surnom de *Saint-Herbland*, patron de cette paroisse, pour le distinguer de plusieurs autres villages qui portaient un nom approchant de celui-ci. Aujourd'hui on dit tout simplement *Bagneux*.

> Assis sur un riant côteau,
> Bagneux est un joli village,
> Dont les maisons et le château
> Embellissent le paysage.
> Des écrivains dignes de foi
> Racontent que, sous certain roi,
> Fils de Louis *le Débonnaire* (1),
> L'on y faisait joyeuse chère,
> Et que le vin qu'on y buvait
> Pouvait plaire au plus fin gourmet.
> Nous devons d'autant mieux les croire,
> Que les chanoines de Paris,
> Qui comme ailleurs, aimaient à boire,
> Avaient du bien en ce pays (2).
>
> Mais, ce qui semble moins croyable,
> C'est l'histoire d'un cardinal,
> Qu'on vit ministre et général (3),
> Et qu'ici l'on rend exécrable.

---

(1) Charles II, dit *le Chauve*, parce qu'il l'était en effet. Mais cela ne veut point dire qu'il n'eût pas des moustaches à la chinoise, c'est-à-dire fort longues : car elles furent en vogue durant son règne; et ce ne fut que vers la fin du 9e siècle qu'on n'en porta plus. Elles furent réhabilitées sous François Ier; mais, au lieu d'être tombantes, on les porta horizontales et puis relevées.

(2) Voyez une Charte de Charlemagne de l'an 798.

(3) La guerre ayant été déclarée à la maison d'Autriche, le

Une antique tradition
Rapporte que, dans sa maison,
L'on passait par les oubliettes (1) :
Nous savons que l'ambition
Peut s'emparer de quelques têtes;
L'exemple en est assez fréquent.
Mais je crois qu'il serait prudent,
Surtout en fait d'historiettes
Qu'on brode au gré de son esprit,
De ne point croire les *on dit*.

Comme on a beaucoup écrit pour et contre ce cardinal, cela m'a excité à compulser les manuscrits du temps, qui se trouvent à la Bibliothèque du Roi. Je me borne à présenter ici quelques lettres écrites par lui, avant le temps de sa grande fortune. Je réserve, pour l'article de *Ruel*, celles que j'ai pu découvrir écrites dans le temps de son ministère.

---

cardinal de Richelieu se fit nommer généralissime. On sait aussi qu'il commanda avec l'habileté d'un général devant la Rochelle, dont il se rendit maître.

(1) Cette maison fut bâtie par Benicourt, favori du cardinal, des deniers de son éminence. Tout a été démoli dans la révolution par les premiers acquéreurs, ainsi que le *fameux pavillon* qui se trouvait dans le jardin sur le bord de la rue Saint-Etienne. Un mur entoure ce vaste domaine, qui appartient à M. Benoît.

On lit, dans l'abbé Lebeuf, que l'on voyait, dans le jardin, les statues de Mars et de Vulcain. Mars avait le visage du cardinal, et Vulcain celui de Benicourt.

« Lettres *écrites de Luçon à madame de Bourges, en sa maison devant les Blancs-Manteaux, depuis 1609 jusqu'en 1614.*

PREMIÈRE LETTRE.

Septembre 1609.

» Madame, ayant permis à Corbonnor de faire un tour à Paris pour quelques affaires, j'ay esté bien ayse d'avoir ceste occasion de vous asseurer que si j'ay esté paresseux à vous escrire, ce n'est pas toutesfois que je n'aye la mémoire que je doibs avoir de vous, mais bien le peu de commodité qui se présente d'escrire comme on voudroit; car bien que nous ayons des messagers ordinaires, il ne faut que manquer d'une heure, pour perdre l'occasion d'envoyer ses lettres; je ne veux point tant m'excuser, que je n'advoue estre un peu beaucoup paresseux; mais cela n'empesche pas que je ne recognoisse les obligations que je vous ay, et que je ne souhaiste les moyens de m'en revancher. Je songe, sur ma foy, tous les jours à *marier* Magdeleine; mais il ne se trouve ny *gentilhommes* ny autres qui ayent de l'*argent* ny du *drap*. Nous sommes *tous gueux en ce pays*, et moy le pre-

mier, dont je suis bien fasché, mais il y faut apporter remède si on peut. Tel que je soye je suis bien vostre serviteur, mais si inutile que je n'ose me prévaloir de ce titre, que je désire toutesfois me conserver à jamais pour demeurer,

» Madame,

» Vostre serviteur humble,

» ARMAND, *Eves. de Luçon.* »

DEUXIÈME LETTRE.

A LA MÊME.

« Madame, j'ay reçeu les chappes que vous m'avez envoyées, qui sont venues extrèmement à propos ; elles sont extrèmement belles et ont esté receues comme telles de la compaignie à qui ie les debvois ; je vous ai un million d'obligations, non pour cela seulement, comme vous pouvez penser, mais pour tant de bons offices, que ce papier n'en peut porter le nombre. Ie suis maintenant en ma baronnie aymé, ce me veut-on faire croire, de tout le monde ; mais ie ne puis que vous en dire encore ; car tous les commencements sont beaux, comme vous scavez;

Ie ne manqueray pas d'occupations icy, ie vous assure, car tout y est tellement ruiné qu'il faut de l'exercice pour le remettre. Je suis extrêmement mal logé, car je n'ay aucun lieu où je puisse faire du feu, à cause de la fumée. Vous jugez bien que je n'ay pas besoin de grand hiver; mais il n'y a remède que la patience. Je vous puis asseurer que j'ay le plus vilain évesché de France, le plus crotté et le plus désagréable; mais ie vous laisse à penser quel est l'évesque. Il n'y a icy aucun lieu pour se promener, ny jardin, ny allée, ny quoy que ce soit, de façon que j'ay ma maison pour prison. Je quitte ce discours pour vous dire que nous n'avons point trouvé dans mes hardes, une tunique et une dalmatique de taffetas blanc, qui accompaignoyent les ornements de damas blanc que vous m'avez faist faire; c'est ce qui faist que ie croy que cela a esté oublié. Mon Aumônier deffunt dist qu'on vous l'envoya de Noysean pour faire estressir les espaules, et que peut-estre cela aura esté oublié chez le faiseur d'ornements. Je vous supplie d'en savoir la vérité, affin que ie sache s'il est perdu ou non; c'est une partie de la succession de deffunt M. de Luçon, car ie n'ay trouvé autres ornements de luy que ceux là. Il a fallu que ien aye faist faire d'autres pour la feste, car autrement ie neusse peu officier. Mais l'esperance que iay eue qu'il n'y auroit rien de perdu m'a faist choisir une autre couleur, affin que si on recouvre ce qui est égaré ien aye de deux couleurs.

» Il faut que ie vous dise que iay achepté le list de velours de madame de Marconnet, lequel ie faists accommoder, en sorte qu'il vaudra 300 liv. Ie faists faire force autres meubles, mais il me manquera une tapisserie; s'il y avoit moyen de changer les pentes de ce list de deffunt M. de Luçon, de soye et d'or, avec une tente de Bergame pareille à celle que vous m'avez desia achetée, cela m'accommoderoit fort. Il y a encore à Richelieu quelques pièces dudist list comme le fond, et que ie vous envoyerois. Vous voyez comme ie vous escrits de mon mesnage, qui n'est pas encore bien garny, mais le temps fera tout.

I'ai pris un gentilhomme pour maistre d'hostel, qui me sert extrêmement bien et à vostre mode, sans luy c'estoit mal. Mais ie n'ay besoin que de voir mes comptes; car, quelque compagnie qui vienne me voir, il sçait fort bien ce qu'il faut faire. C'est le jeune Labrosse, qui estoit gentilhomme servant de M. de Montpensier. A la fin on trouve son faist. Tout le monde ne pensoit pas, au commencement, qu'il fist ce qu'il faist, mais ie vous assure qu'il triomphe. Tout nostre faist va honorablement; car on croit que ie suis un grand Monsieur en ce pays. Ie vous entretiendrois tout aujourd'hui, mais il se faist tard, c'est ce qui faist que ie suis contraint de finir et de vous dire que ie suis vostre bien humble serviteur,

» ARMAND, *Eves. de Luçon.*

» Madame, ie vous prie me faire faire un manchon de la moithié des peaux de marthe de M. le commandeur, couvert de velours ras noir, car il faist froid en ces quartiers. Vous me manderez, s'il vous plaist, combien je debvray à mondist sieur le commandeur, pour la moitié de ces peaux.

» Madame Magdeleine trouvera ici que ie luy baise les mains; ie crois qu'elle sera mariée à ceste heure. »

TROISIÈME LETTRE.

A LA MÊME.

« Madame, ceste lettre vous asseurera de mon souvenir et du service que ie desirerois vous pouvoir rendre, et sans autres cérémonies vous prier de me départir toujours vostre assistance en mes petites negotiations, auxquelles ie pense, méditant desia mon voyage de Paris; ie vous prie donc de voir s'il n'y auroit point moyen de trouver une petite tapisserie pareille à celle que vous pristes la peyne de m'achepter lorsque i'estois malade, c'est-à-dire du prix; car *ie nay pas besoin de grand hiver*, ma *bourse estant fort foyble;* si vous en trouvez une, vous m'obligerez de l'*arrester*, s'il vous plaist, et pour cela i'envoyerai ce qu'il faudra si elle se trouve devant mon arrivée. Pour de la vaisselle d'argent, M. de Bourges sçaist mon intention, qui est d'en avoir, au cas que ie puisse trier l'argent qui m'est deub à Paris; mais sans cela ie ne puis rien dire. Pour un logis, ie ne scay que faire, *n'ayant* point de meubles à Paris, et les logis *estant* si chers; si c'en trouve un à bon compte ie le prendrois. Toutesfois l'incommodité des chambres *garnies* estant grande, ainsy que tous les ans, i'espère dorénavant, et que cela estant, il faudra que ie fasse mes provisions en temps et lieu. Mandez-moy vostre advis, car il faut que i'advoue que ie m'en trouve bien. Ie vous prie aussy de me mander ce que vaut le vin dans Paris, le muy, d'autant qu'à en faire mener d'icy il me reviendroit à dix-sept escus la pipe, rendu en cave; et au cas que vous trouviez que j'en doibve faire mener, mandez-moy s'il vous plaist si on trouveroit où le mettre. Si vous me donnez bon conseil, vous m'obligerez fort, car ie suis fort *irrésolu*, principalement pour un logis, appréhendant fort la quantité des meubles qu'il faut; et d'autre costé, *venant de vostre humeur*, c'est-à-dire, *estant un peu glorieux*, ie voudrois bien, estant plus à mon ayse, paroistre davantage, ce que ie serois plus *commodément ayant un logis à moy;* c'est *grande pitié* que de pauvre *noblesse*, mais il n'y a remède, *contre fortune bon cœur*. Ie vous donne beaucoup de peine, ie vous en demande pardon, et vous supplie de croire que je suis, Madame, vostre bien humble serviteur,

» ARMAND, *Eves. de Luçon.*
Ce 6 juin 1610. »

QUATRIÈME LETTRE.

A LA MÊME.

« Madame, mettant la main à la plume pour vous escrire, ie vous envoye quand et quand, ce qui vous restoit deub des mises que vous avez fait pour moy; il y a quarante pistolets et vingt sols en monnoye, qui font les cent quarante-cinq livres dont ie vous estois demeuré redevable. Passant ces jours derniers par la Melleraye, i'ai appris de mon oncle les traverses que l'on vous donne en vos affaires, et ay pris part aux desplaisirs que vous en recevez. Toutesfois vostre contract devant avoir lieu comme tout chacun l'estime, i'espère que vous serez bientost hors de l'ennuy dont on trouble vostre repos. Ie voudrois avoir moyen de contribuer quelque chose pour vous en tirer, ie m'y employerois très-volontiers, et bien que *ma bourse ne soit pas garnie* comme il faut, si est ce que la vous offrant avec ce peu que ie puis, ie vous prieray de disposer de tout ce qui est mien, comme estant,

» Madame,

» Vostre très-humble serviteur,

» ARMAND, *Eves. de Luçon.*

A Coussay, ce 28 septembre 1610. »

Madame Envoyant Celaqueuy à Paris, J'ay desiré qu'il sceust de vos nouvelles, que je me promets estre telles que je les souhaitte. Je me resiouis de vostre voyage des Ardiliers, pour esperer le bien de vous voir en mon hermitage de L'Isle ou vous aurez tout pouvoir. Je vous rends mille graces de la peine que vous avez eüe de vendre ma tapisserie. L'on la m'a fait cognoistre la misere d'un pauvre Moyne qui est reduit à la vente de ses meubles et à la vie rustique, ne suisse pas tost estat de quitter ce séiour pour prendre celuy de la ville. En quelque lieu que je sois vous pourrez vous asseurer que je vous souhaitteray toujours autant de bon heur que personne du monde. Comme estant veritablement,

Madame

 Vostre bien humble serviteur
 Armand Jean de Richelieu

CINQUIÈME LETTRE.

A LA MÊME.

« Madame, envoyant ce laquais à Paris, i'ai desiré qu'il sceust de vos nouvelles, que ie me promets estre telles que ie les souhaitte. Je me resiouis de vostre voyage des Ardiliers, pour espérer le bon heur de vous voir en mon hermitage de Coussay, où vous aurez tout pouvoir. Je vous rends mille graces de la peine que vous avez eue de vendre ma tapisserie, par-là vous connoistrez la misère d'un pauvre *moyne qui est réduit à la vente de ses meubles* et à la vie rustique. Ne faisant pas si tost estat de quitter ce séiour, pour prendre celuy de la ville, en quelque lieu que ie sois, vous pourrez vous asseurer que ie vous souhaiteray toujours autant de bon heur que personne du monde, comme estant véritablement,

» Madame,

» Vostre bien humble serviteur,

» ARMAND, *Eves. de Luçon.* »

SIXIÈME LETTRE.

A LA MÊME.

« Madame, bien que mes lettres ne vous puissent estre qu'à importunité, ie ne laisse toutesfois de vous escrire pour vous tesmoigner le souvenir que i'ay de vous, et vous rafreschir la mémoire de ceux qui vous honorent comme moy.

» Je suis fasché de ne pouvoir vous tesmoigner que par parolles combien je suis vostre serviteur; mais ma foy ie me recognois si inutile, que ma bonne volonté ne sert pas beaucoup à ceux à qui je desire rendre du service. Il faut, à ce compte, que ie me plaigne de mon malheur, et que ie prie Dieu qu'il me rende plus heureux à l'avenir; quand cela sera, mes effaists vous confirmeront ce que mes parolles vous tesmoignent. Cependant je vous prie de me mander ce que me cousteront deux douzaines de plats d'argent de belle grandeur, comme on les faist; je voudrois bien qu'il y eût moyen de les avoir pour cinc cens escus, car mes forces ne sont pas grandes. Je scay bien que pour cent escus de plus vous ne voudrez pas que i'aye quelque chose de chétif. *Ie suis gueux*, comme vous savez, de façon que je ne puis *faire fort l'opulent;* mais toutesfois lorsque j'auray plats *d'argent*, ma noblesse sera fort relevée. Quand i'auray sceu le prix, ie vous envoyeray cinc cens escus, s'ils y peuvent fournir, et vous prieray de me vouloir faire ceste faveur que d'achever de me *mettre* en mesnage, puisque vous avez commencé. Ie vous importune tousiours, mais ie sçay bien que vous ne le trouverez point mauvais, c'est ce qui m'en donne la liberté et qui m'oblige à demeurer,

» Madame,

« Vostre bien humble serviteur,

» Armand, *Eves, de Luçon.*

» Ie baise les mains à madame Magdeleine, que i'estimois maintenant en son mesnage. »

SEPTIÈME LETTRE.

A M. DE RICHELIEU (1).

« Mon frère, le porteur s'en allant pratiquer son art à Paris, ie n'ay pas voulu le laisser aller sans le charger de ces trois mots, pour vous dire que ie suis en peine de vostre réception à Paris, n'ayant reçeu aucunes nouvelles de vous depuis la venue de M. d'Auriac le ieune. I'ay esté asseuré par ceste voye, de vostre santé, dont ie loue Dieu, le suppliant qu'il vous la continue.

» Ie vous prie m'envoyer une belle hacquenée, mais belle tout à fait, s'il se peut. Je voudrois bien aussi que vous puissiez m'envoyer deux petites pièces d'orfévrerie, de cent escus les deux, pour ioindre à deux montres et quelques autres petites pièces que ie veux donner au lieu que vous scavez.

» De vous dire ce que je desirerois, il m'est impossible, seulement vous puis-ie dire que ie voudrois quelque chose conforme à ma condition. Ie vous supplie me

---

(1) Ce M. de Richelieu est celui qui fut tué en duel par M. de Thémines en 1619.

mander si vous sortirez d'affaire sans procès, et me croire,

» Mon frère,

» Vostre très-humble frère et serviteur,
» ARMAND, *Eves. de Luçon.*

» J'ay prié M. de la Cochère de vous mettre en mains l'argent qui sera nécessaire pour les choses que ie vous prie de me faire achepter, d'autant qu'il vaut myeux ne rien donner que de donner un maigre présent. Celui que ie veux faire ne sera pas fort grand, mais pour le moins consystera-t-il en diverses pièces.

D'Avygnon, ce . . . . .

Je vais voir d'abord l'église, qui est fort jolie, et dont l'intérieur a quelques points de ressemblance avec la métropolitaine de Paris. Cette analogie est due aux galeries qui retracent en petit celles de Notre-Dame. C'est certainement une des églises de campagne les plus remarquables que l'on connaisse peut-être en Europe, et qui paraît avoir été rebâtie sous Philippe-le-Bel.

Plusieurs historiens ont prétendu que,

Ce Roi ferme et prudent, par de sévères lois,
En France réprima le luxe des bourgeois,
Qui, fiers de leurs grands biens, méconnaissant leur caste,
Osaient avec la Cour rivaliser de faste.

Ils ont eu raison sous un certain point; mais, comme il est bon de mettre toujours chaque chose à sa place, je crois devoir entrer dans quelques explications.

Ce fut sous la reine Blanche que le luxe de la bourgeoisie fut réprimé pour la première fois. Voici à quelle occasion : « Cette reine ayant reçu à la messe le baiser de paix, le rendit à une femme publique, que son habillement fit croire mariée et d'une condition honnête. La reine fut piquée de la méprise; et, pour n'y être plus exposée, elle obtint du roi une ordonnance qui défendait aux courtisanes de porter des robes à queue, avec ceintures dorées..... » Ce règlement fut mal observé(1), et les femmes honnêtes de ce temps, qui ne manquaient pas plus d'esprit que celles d'aujourd'hui, s'en consolèrent en créant le proverbe: *bonne renommée vaut mieux que ceinture dorée.*

---

(1) Voyez *les Matinées Sénonaises.*

Le luxe reprit en 1294; alors Philippe-le-Bel rendit une ordonnance qui portait que « nulle bourgeoise n'aurait un char; que les bourgeois et bourgeoises ne porteraient ni vair, ni gris, ni hermine, non plus que des pierres précieuses et des ornemens en or. Il défendit en outre aux hommes qui n'auraient que 2,000 livres de revenu, de s'habiller d'étoffes au-dessus du prix de douze sous six deniers l'aune, et leurs femmes au-dessus de celui de 16 sous. »

Si vous lisez un arrêt, inséré dans les registres du Châtelet de Paris, vous verrez aussi que, le 28 juin 1420: « deffenses sont faictes à toutes femmes amoureuses, filles de joye et paillardes, de ne porter robbe à collets renversez, queues, ne ceintures dorées, boutonnières à leurs chaperons, sur peine de confiscation et amende, et que les huissiers du Parlement, commissaires et sergens du Chastelet qui les trouveraient, eussent à les mener prisonnières. Pareil arrest fut donné et proclamé à son de trompe et cry public par les carrefours de Paris, en l'an 1446. »

Par des vues opposées, Henri IV adopta un règlement, en 1604, d'après lequel ses sujets ne pouvaient porter ni or, ni argent sur leurs habits. Il en excepta les femmes de mauvaise vie et les filoux, en disant : *Nous ne prenons pas assez d'intérêt pour leur faire l'honneur de donner nostre attention à leur conduite.*

Je ne sais si je suis dans l'erreur; mais il me semble bien avoir lu quelque part que, sous les descendans de Charlemagne, il fallait que les ducs, les comtes et les barons, eussent 6,000 livres de rente en terres, pour avoir le droit de donner à leurs femmes quatre robes par an.

On a prétendu que François Chabanne de Rhodes, docteur de Sorbonne et curé de Bagneux, fit bâtir le presbytère, qui passe encore pour le plus beau des environs de Paris. D'après les renseignemens qui m'ont été donnés par des vieillards du lieu, je me suis convaincu du contraire; il l'a seulement fait agrandir : il tient à l'église et appartient à M. Filastre, desservant actuel de cette paroisse.

La longue conversation que j'eus avec le sieur Derancy, qui était enfant de chœur il y a quarante-cinq ans, et qui se trouve chantre aujourd'hui, m'apprit que, lors de la mort de M. Chabanne de Rhodes, en 1782, il fut exposé pendant huit jours, et que les habitans de tous les villages voisins vinrent prier pour le repos de son âme. Le souvenir des bienfaits de ce vénérable pasteur fit verser des larmes à ces bons villageois. Il fut inhumé au milieu du chœur de l'église, où ses cendres reposent et se trouvent recouvertes d'un marbre noir, sur lequel on aperçoit des caractères grecs presque effacés.

On remarquait dans cette église une fort belle grille, qui fut enlevée, avec quatre cloches, au commencement de la révolution.

Une des plus agréables maisons, qu'on trouve sur la route principale de Bagneux à Fontenay-aux-Roses, appartient à M. le vicomte de Caux. Le jardin est fort joli, et l'on voit dans les allées un assez grand nombre de pintades émaillées, originaires d'Afrique, qu'on élève depuis peu en France.

L'extrême pureté de l'air qu'on respire dans ce village, a déterminé plusieurs particuliers de Paris à y faire construire de nouvelles maisons de plaisance, et à envoyer leurs enfans dans une pension dirigée par M. Légal.

Ils savent, ces enfans, versés dans notre histoire,
Que ce *Roi, dont le pauvre a gardé la mémoire*,
Le modèle des Rois par leurs sujets chéris,
Le plus grand des Bourbons, le meilleur des Henris,
Ce héros, renommé par sa haute vaillance,
Environné partout de ses preux chevaliers,
Sans quitter un instant et son casque et sa lance,
Ici se reposa sous l'ombre des lauriers (1).

Les historiens nous rapportent que Gabrielle, qui mourut en 1599, jeune encore, fut la maîtresse qu'il aima le plus (2). La lettre suivante, écrite à Henriette de Balzac-d'Entragues, marquise de Verneuil, prouvera que cette nouvelle maîtresse acquit tout pouvoir sur le cœur du monarque, sans que jamais le plaisir l'arrachât à ses devoirs:

« Sy votre amour est de l'échantyllon que vous m'avés anvoyé, mes afayres yront bien. Mays despuys quelques ans vous me l'avés fayt treuver de la taille du Vidame du Mans, long et megre. Je suis arrivé ayant en tout le plesyr qu'il se peut. Je vous suplye oc-

---

(1) Le 31 octobre 1569, au retour de la conquête de plusieurs places fortes.

(2) Elle mourut la veille de Pâques, en accouchant d'un enfant mort.

mantés mon contantement, au lieu de le troubler, vous le pouvés, vous le devés, il faut que vous le voulyés. Sur ce saluteré conseyl, je fynyré an vous besant un mylyon de foys.

HENRI. »

Je descends de Bagneux et m'achemine vers le grand Mont-Rouge, ainsi nommé d'un seigneur de Montlhéry, appelé *Guy-le-Rouge*, à cause de la couleur de ses cheveux (1). Vous n'ignorez pas que, sous Philippe-Auguste, c'est-à-dire vers la fin du 11e siècle, on distinguait ainsi les enfans dans les familles, surtout dans les familles nobles.

Certe, alors nos aïeux avaient une belle âme ;
Car aujourd'hui nos seigneurs plus coquets
N'entendraient point de pareils sobriquets,
Sans se venger par le fer ou la flamme.

Ce village, situé au milieu d'une plaine, eut jadis une église, très-petite dans l'origine, mais qui fut agrandie durant le règne de François 1er, en 1533. Elle fut fermée

---

(1) Il y a des personnes qui pensent que ce nom vient d'une couche de sable rouge qui couvre la colline de Mont-Rouge.

vers la fin du 16ᵉ siècle, parce qu'elle menaçait déjà ruine, et finit par être démolie. En 1700 on en construisit une nouvelle, sous le titre de *Saint Jacques-le-Majeur et Saint-Christophe*, patrons de cette paroisse. Depuis dix ou douze ans, elle était fermée pour les mêmes motifs que la première, et il n'y a que peu de temps qu'on l'a détruite. A côté, se trouve l'ancien cimetière. Le mausolée le plus remarquable, et qui est fait pour jeter quelques fleurs sur les chagrins d'une famille éplorée, est celui de Jean-François Dubreuil, ancien maire de Mont-Rouge, qui termina sa carrière le 28 janvier 1819, et sur lequel on lit :

« IL EXERÇA DURANT XXVI ANNÉES,
SANS INTERRUPTION,
LES FONCTIONS MUNICIPALES.
L'AMITIÉ DES HABITANS
LE SUIT
PAR-DELA LE TRÉPAS,
ET CONSACRE
CE MONUMENT A SA MÉMOIRE.

Qu'il serait à désirer que tous les magistrats se missent à même d'en mériter autant! Lorsque les bons villageois les pleurent, on doit en croire leurs larmes.

Les maisons de Mont-Rouge sont en général blanchies avec de la chaux. Chacune a son jardin clos par un mur, sur lequel dominent des masses de verdure qui en rendent l'aspect pittoresque et l'habitation fort agréable. Une des plus belles, qui appartint jadis au duc de la Vallière, est aujourd'hui la propriété de M. Amaury-Duval, membre de l'Académie des Inscriptions et Belles-Lettres; mais, comme dans ce siècle il est d'usage de ne pas rendre justice aux vivans, j'attendrai qu'il soit mort pour vous parler de son mérite (1).

Après quelques instans de marche vers Paris, je me trouve dans le petit Mont-Rouge,

---

(1) M. Amaury-Duval, pour essayer si un pavé en mosaïque ordinaire, fait cependant avec goût, ne devait pas être plus coûteux qu'un pavé en pierre de liais, fit exécuter par M. Belloni celui qu'on voit dans sa maison. Les conjectures de M. Duval furent pleinement justifiées; et le double avantage qui en résulte, c'est que la mosaïque est d'une plus longue durée que la pierre.

L'ancien château, ayant appartenu en dernier lieu à madame de Guerchi, a été démoli depuis 5 ou 6 ans. On doit d'autant plus le regretter, qu'il y avait une galerie dont les murs étaient couverts de peintures exécutées par des artistes de l'école de Jules Romain. Ce qui reste des bâtimens que l'on voit encore, ainsi que le parc, de plus de 100 arpens, appartient à M. Boulay de la Meurthe.

où l'on voit beaucoup de moulins à vent qui nous viennent de l'Orient, et qui furent introduits en Europe dans le temps des croisades, vers le commencement du 12ᵉ siècle. Dans les registres de Philippe-Auguste, qu'on peut consulter aux manuscrits de la Bibliothèque du Roi, on lit qu'en 1218 il concéda le droit d'en établir deux entre la ville de Compiègne et la forêt (1).

On voit aussi dans cette plaine des carrières très-rapprochées les unes des autres, et d'une profondeur effrayante. Je ne conçois pas comment l'autorité locale ne force point les propriétaires à les fermer, surtout la nuit, pour la sûreté des voyageurs.

Si Regnard a dit dans son Joueur :

« C'est, Monsieur, par exemple, un joli jeu que l'oie, »

il est bien clair qu'il ne voulait point parler de celui qui a lieu dans la plaine de Mont-

---

(1) « *Concessio regis Philippi, burgensibus suis Compendii, facere duo molendina ad ventum inter villam Compendii et nemus,* 1218. »

Si l'on consulte le Glossaire de Ducange, on y trouvera la citation d'une charte de 1205, rapportée par dom Lobineau.

Le plus ancien monument qu'on ait en Italie sur l'existence des moulins à vent, est du temps du pape Célestin III, qui mourut en 1198.

Rouge, que j'ai vu. Croirait-on que cet oiseau domestique, qui fournit un duvet sur lequel repose la mollesse, le meilleur gardien de nos fermes, selon Columelle, auquel les Romains durent leur conservation, serve à un jeu si atroce ? Certes, si j'avais quelque influence dans l'administration de la police, je seconderais de tous mes efforts les ministres de la morale religieuse, pour qu'ils tâchassent de détruire un usage qui révolte la nature.

Des biographes rapportent que de grands personnages ont eu des maisons de plaisance à Mont-Rouge, entre autres Charles de Laubespine, garde des sceaux, et Philippe de Béthune, qui acquit beaucoup de réputation par ses ambassades dans les cours d'Allemagne, de Rome et d'Ecosse. Mais sans aller si loin, nous savons que le petit-fils de ce dernier, Henri, comte de Béthune, à qui l'on doit la publication de l'Histoire de ces Ambassades, imprimée à Paris en 1667, habitait aussi dans ce joli village.

Voici une lettre à l'appui de ce que je viens d'avancer :

« De Mont-Rouge, ce premier de juin 1661.

» MONSIEUR,

» Je vous envoie une vingtaine de lignes que j'ai jugé à propos de mettre au-devant de l'Épître liminaire que je vous ai montrée, et que j'avais adressée à feu monseigneur le Cardinal, nostre illustre bienfaiteur. Vous y verrés la différence que je fais de la recognoissance que l'on tesmoigne durant la vie ou après la mort de ceux de qui l'on a reçeu des bienfaits. Je la soubmets à vostre approbation, que je souhaitte favorable, et d'aultant plus que j'ai une estime toute particulière pour vostre personne et vostre rare mérite, et surtout à l'esgard du ressentiment des obligations que vous portés le plus noblement du monde, et dont madame la comtesse de Soissons a reçeu des marques à la face de toute la Cour, et que je ne me sçaurois lasser de publier et de faire valoir, comme elles le méritent dans la vérité, partout où je me rencontre. J'adresse cette lettre à madame de Béthune, qui aura besoin de vostre advis et conseil, en quelque chose qui la regarde, et peut-estre ensuite aussi de vostre assistance. Je vous conjure, Monsieur, de lui vouloir départir l'un et l'autre, elle l'espérera, aussi bien que moy, par vostre bonté et l'amitié que nous sommes persuadés que vous, monsieur et madame vostre femme, avez pour nous, et par la véritable et éternelle recognoissance que nous avons pour la mémoire de monseigneur le Cardinal, nostre commun bienfaiteur, qui est le plus puissant motif qui vous puisse faire agir en faveur et à l'avantage de ceux que vous cognoissés qui en usent de la sorte. Je suis et serai touiours constamant, et avec soubsmission et une sincérité toute entière,

» Monsieur,

» Vostre très-humble et très-obéissant serviteur,

Béthune. »

« Je ne retournerai point à Fontainebleau, qui sera dans dix ou douze jours, que je ne mette entre les mains de l'imprimeur l'ouvrage que j'avais dédié à son Eminence.

» A monsieur, monsieur Colbert, intendant des finances, à Fontainebleau. » (1)

---

(1) Personne n'ignore que M. de Béthune Charost, maire

Nous savons aussi que l'abbé de Voisenon, nommé par Voltaire l'*évêque de Mont-Rouge*(1), que le redoutable Fréron, le fameux botaniste Cels et le fécond Mercier, y eurent de fort jolies retraites champêtres. Voici une lettre de ce dernier, qui m'a été confiée par celui à qui elle a été écrite :

« 19 août 1800.

» Citoyen,

» Le 28 que vous m'aviez indiqué, vous étiez indisposé : en vous offrant des vœux sincères pour le rétablissement de votre

---

du 10ᵉ arrondissement, descendant de cette famille, était d'une si grande bienfaisance, qu'on le voyait toujours visiter l'asile des malheureux. Il y avait très-peu d'indigens à qui il n'eût fait quelque bien; et ce ne fut que lors de son convoi, où assistèrent un grand nombre de personnes, que le pauvre reconnut qu'il n'avait plus de père.

(1) Léonard, après avoir peint l'abbé de Voisenon, accompagna sa peinture des quatre jolis vers suivans, qui n'ont jamais paru dans ses œuvres, et que je dois à M. D*.

« J'ai tracé le portrait de cet aimable auteur
Qui nous donne en riant les leçons les plus sages;
Que n'ai-je pu peindre son cœur,
Comme il est peint dans ses ouvrages? »

santé, chère aux gens de lettres, j'avais à vous prier *pour une faveur* que l'on m'a promis depuis long-temps, et que je désire beaucoup et pour cause. Je suis tout à l'heure un des doyens de la littérature. J'ai plus de trente ans d'exercice; j'ai fait des tableaux. Quand *Socrate* avait besoin d'un manteau, il disait à ses amis : donnez-moi un manteau. Je dirai, j'ai besoin d'une faveur. Je l'avois sollicitée près du Directoire. Le Directoire m'a renvoyé au ministre des finances, qui a oublié que je suis le restaurateur de la loterie nationale, et m'a frappé d'un refus sec.

» Soyez-moi favorable.

» MERCIER,

Ex-député, membre de l'Institut national. » (1)

---

(1) Voici une anecdote qui est restée inconnue :

En 1794, Mercier invita à dîner M. T. M* et sa jeune et belle épouse, dans l'intention de donner à la dame une leçon de rhétorique. En effet, on sert la soupe et des cuillers de buis; ensuite des petits pois et des cuillers d'étain. Bientôt après, des fraises et des cuillers d'argent. Puis du café avec des petites cuillers en vermeil; et enfin des glaces, avec de très-petites cuillées en nacre de perle ornées en or. Le dîner finissant, il expliqua de la manière suivante ces différens emblêmes:

La cuiller de buis explique la manière modeste et simple

Ce qu'on appelle aujourd'hui *Moulin d'Amour*, au-dessous du Moulin Janséniste, lieu de guinguettes où l'on danse les jours de fête, était l'habitation de Fréron. C'est-là qu'il faisait ses articles aussi vifs que piquans, et qu'il recevait ses amis. L'anecdote suivante m'a été contée par celui qui en fut le témoin oculaire :

M. B*, alors fort jeune, maintenant âgé de 62 ans, allait voir souvent ce critique dont il était affectionné. Il le trouve un jour ayant Jean-Jacques Rousseau à la main, et soulignant toutes les mauvaises locutions, les répétitions déplacées de certains mots, tels que ceux de *lui*, *leur*, *que*, *qu'il*, etc. etc. En peu de temps, des pages entières furent soulignées, et firent remarquer des défauts que le charme des pensées n'avait pas d'abord permis d'apercevoir.

Ceci n'étonnera personne lorsqu'on se rap-

---

dont un auteur doit commencer son ouvrage. La cuiller d'étain annonce qu'il doit entrer en matière. Les cuillers d'argent annoncent que la logique et la rhétorique vont se donner la main. Le vermeil indique le courageux effort que l'on doit faire pour donner à son ouvrage le plus haut degré d'intérêt ; et enfin, la nacre de perle a pour objet de rappeler qu'un ouvrage doit toujours finir par les plus belles pensées.

pellera que Fréron, plein de goût, même de l'aveu de Voltaire qui ne l'aimait pas, exerçait sa critique sur les ouvrages les plus célèbres :

> Toi, pour qui j'ai fait cet ouvrage,
> De l'imiter garde-toi bien,
> Puisqu'alors tu n'aurais plus rien
> De mon voyage.

FIN DU SECOND VOYAGE.

TROISIÈME VOYAGE.

TROISIÈME VOYAGE.

Si l'appétit vient en mangeant,
Le goût de voyager nous vient en voyageant;
    Je parle ici d'expérience:
Personne, plus que moi, n'idolâtrait Paris,
Le centre des plaisirs, et des jeux et des ris.
    Eh bien! voilà que l'inconstance,
    Changeant aujourd'hui mon humeur,
Me fait abandonner ce séjour enchanteur.
    Mais cependant n'allez pas croire
    Que, parcourant mille pays divers,
J'ose braver, pour l'amour de la gloire,
    Les flots impétueux des mers;
    Ou, dans mon ardeur vagabonde,
Au fracas de la foudre, aux lueurs des éclairs,
    Courir après un nouveau monde.
    Hélas! assez d'autres sans moi
    S'occupent de lointains rivages.
    Ils seraient sans doute plus sages,
    Si tour-à-tour ils s'imposaient la loi
D'imiter sur ce point l'exemple de nos pères.
On ne les vit jamais, oubliant leur pays,
Adopter sans raison des modes étrangères;

Et cependant nos barons, nos marquis,
En province comme à Paris,
Aux règles du bon goût étaient toujours fidèles.
Dois-je parler de nos Apelles,
De nos modernes Phidias ?
Eh quoi! partout ne sait-on pas
Que nos peintres, pleins de génie,
Nous ont prouvé, depuis cent ans,
Que notre France est la patrie
Et des beaux-arts et des talens ?
Mais, de nos jours, c'est une maladie!
Ce qui vient de la France est pour nous sans attrait :
Eh! Mesdames, quittez cette injuste manie !
Les chèvres, dont pour vous on exprime le lait,
Sans doute valent bien les chèvres du Thibet.
Quant à moi, dont le cœur aima toujours la France,
A la calomnier je suis loin d'être enclin :
Que dis-je? obéissant au feu dont je suis plein,
D'avance, je conçois la flatteuse espérance
De prouver qu'elle unit tous les dons précieux,
Qu'étalent cent climats favorisés des Cieux.

L'heure du départ de la diligence pour Corbeil étant arrivée, je vais au café du Nord, quai des Grands-Augustins, où se trouve le bureau. On met les chevaux à la voiture; chaque voyageur prend sa place, et nous partons.

Un ecclésiastique, qui se trouve près de moi, m'apprend que la curiosité l'avait conduit à Paris pour voir les Heures de l'empereur Charles-le-Chauve, en lettres d'or, dont la couverture présente un bas-relief en ivoire, entouré d'un triple rang de pierreries, et qui passe pour un des monumens les plus précieux qui existent à la bibliothèque du Roi. A mon tour, je lui fais part du but de mon voyage. Monsieur, me dit-il, j'ai souvent parcouru les environs de Paris dans le dessein de les décrire; mais j'ai senti que mes connaissances n'étaient pas assez variées, que mon imagination n'était pas assez vive. Il ne suffit pas d'avoir l'esprit observateur; il faut savoir intéresser le lecteur, lui tracer des tableaux, tantôt mélancoliques et tantôt agréables, en mettant de l'esprit et des aperçus fins dans les détails; cela n'est pas facile : aussi ai-je renoncé à mon projet. Je m'occupe en ce moment d'un ouvrage dont le résultat tend à remédier aux causes de l'indigence; je visite sans cesse l'asile du pauvre : si les malheureux sont nos frères, s'ils souffrent, n'est-ce pas à nous de les consoler ?

Vous savez sans doute, lui dis-je, que, vers le commencement de l'empire Français, Charlemagne ordonna à chaque seigneur de nourrir ses pauvres dans sa terre (1); mais vous ignorez peut-être que Charles VII en voyage, non content de distribuer de l'argent aux malheureux, menait avec lui des cordonniers et faisait faire des chaussures aux bons pauvres (2). Mais, pardon! comme nous voici à la barrière des Gobelins, permettez-moi de vous demander quel est ce vaste bâtiment placé sur la droite, à l'extrémité de cette belle avenue ? — C'est le château de Bicêtre, que fit construire, sous le règne de Philippe-le-Bel, un évêque anglais nommé Wincester : on le nomma d'abord Wincestre, puis Bicestre, et enfin Bicêtre. En 1400, Jean-de-France, duc de Berri, en fit l'acquisition, quoiqu'il n'offrît guère que des ruines, et le rétablit avec magnificence. Il fut encore détruit de fond en comble; et Louis XIII, l'ayant fait rebâtir, en forma un hospice pour les militaires infirmes. Plus tard, Louis XIV, faisant élever l'hôtel des Invalides pour les défenseurs de la patrie, que les foudres de la guerre avaient mutilés, donna Bicêtre aux hôpitaux de Paris.

---

(1) *Ansegisi Capitular. Caroli Magni.*
(2) Voyez un manuscrit de Dupuis, de 1461.

Depuis cette époque, il sert de retraite à l'indigence.

Les libertins, les vagabonds, les personnes condamnées à des peines infamantes, y sont enfermés, ainsi que les fous. J'ai parlé à un assez grand nombre de ces derniers. J'en ai trouvé de fort gais, de très-sombres; et, ce qui vous surprendra, c'est que, lorsque je songeais à certains individus que parfois l'on rencontre dans le monde, les habitans de Bicêtre ne me paraissaient pas aussi fous qu'on le croit.

Je ne peux cependant vous dissimuler que j'éprouvai un sentiment pénible dans cette maison, où l'on compte près de six mille âmes; peut-être était-ce à l'assemblage des maux qui affligent la triste humanité, et qui tous se trouvaient réunis en ce lieu, qu'était dû ce sentiment. Je ne crois pas qu'il existe au monde un tableau plus capable de porter à la réflexion, que celui qu'offre Bicêtre (1).

Le puits, que tous les Etrangers vont y admirer, peut être placé parmi les beaux morceaux d'architecture que nous ayons,

---

(1) MM. Pariset et Honoré sont les médecins en chef de Bicêtre.

quoique cette sorte d'ouvrage ne soit guère que du ressort de la maçonnerie. Il a seize pieds de diamètre, sur vingt-huit toises et demie de profondeur, et c'est Boffrand qui l'a fait construire.

Le bourg, que vous voyez sur le haut de cette colline couverte de vignes et de pépinières, vous annonce que nous avons déjà fait une lieue et demie; c'est Ville-Juif.

Plusieurs historiens ont pensé que ce nom venait de ce qu'un grand nombre de Juifs, enrichis par l'usure, achetèrent la plupart des propriétés, et finirent par s'y établir. Moréri rapporte même que ces Juifs furent chassés par Philippe-Auguste, à cause de leur commerce et de leurs blasphèmes; mais, outre qu'on trouve des chartes de 1236 qui portent *Villa-Julittæ*, plus anciennes que celles de *Villa-Judæa*, et qu'on sait d'ailleurs que, de tous les temps, les Juifs se sont isolés au lieu de se réunir, il me semble que les écrivains nous auraient dit quelque chose des synagogues, puisqu'ils parlent des premières églises, des reliques qu'elles renfermaient, et du grand nombre de personnes qui s'y rendaient, lorsqu'on les portait en procession.

Ne serait-il donc pas plus convenable de croire, avec le savant antiquaire Dupuis, que ce lieu a été ainsi nommé à cause des reliques de Sainte Julitte, mère de Saint Cyr, patrone de cette paroisse, qui reposent dans l'église? ou bien de *villa jugi*, village sur la hauteur?

A l'entrée du bourg, on aperçoit sur la gauche, une croix qui fut placée à l'époque de la susception des reliques de Saint Cyr et de Sainte Julitte, apportées d'Arles, et sur la droite un antique château.

Comme le premier relais est à Ville-Juif, nous descendons de voiture, et nous entrons dans l'église, qui est assez vaste. Là, nous apprenons que, dans la révolution, elle fut transformée en ateliers de salpêtre. Ce n'a été qu'insensiblement que M. Vaillant, curé de la paroisse, l'a fait réparer. Sur la tour, qui sert de clocher, on lit que la première pierre a été posée aux frais des habitans, en 1539.

A peine sortis de ce bourg, nous nous trouvons dans la plaine de Long-Boyau, plaine d'une immense étendue, et ainsi désignée, d'une allée de plus de trois lieues, bordée d'arbres que l'on abat aujourd'hui, je ne sais trop pourquoi. On devrait bien se rappeler que certains fonctionnaires se sont attirés l'animadversion du gouvernement et du public, pour de semblables mesures trop légèrement adoptées.

A deux lieues de Ville-Juif, on voit sur la gauche, un télégraphe, près duquel se trouve le charmant village d'Atis (1), situé sur un côteau, d'où l'œil se promène le long des rives de la Seine et de la petite rivière d'Orge.

Ce lieu n'est connu que depuis l'époque où la châsse de Sainte Geneviève y fut portée de Paris, pour la soustraire aux fureurs des Normands, et les historiens racontent qu'elle y resta cachée quelques jours.

Dans la suite, de petites maisons y furent construites, et l'église, vers la fin du douzième siècle.

Hugues d'Atis, qui vivait du temps de Saint Louis, en fut le premier seigneur. Des ordonnances du saint Roi, ainsi que de Philippe-le-Bel, datées de ce lieu, nous apprennent que ces princes l'ont habité.

---

(1) Ce nom vient du mot latin barbare *attegia*, qui veut dire cabane.

Une vieille tradition rapporte aussi qu'un nommé Viole, descendant de magistrats célèbres, vécut long-temps à Atis, sous le nom de *Frère de la mort*, et qu'il portait toujours une tête de mort pendue à son col. On ajoute qu'étant fortuné, ce frère passait son temps à instruire et à soulager les indigens du village.

Une des plus jolies maisons de plaisance qu'on y voit encore, appartint au maréchal de Roquelaure, où ce duc passa les dernières années de sa vie. Dans un des bosquets du parc, on voyait, avant la révolution, un monument élevé à sa chienne favorite, sur lequel étaient gravés les quatre vers plaisans attribués à mademoiselle de Scudéry, et que voici :

« Ci gît la célèbre Badine,
Qui n'eut ni beauté ni bonté ;
Mais dont l'esprit a démontré
Le système de la machine. »

Mademoiselle de Scudéry, qui fut la première personne couronnée par l'Académie française, posséda aussi une maison à Atis, où elle allait se livrer à ses travaux littéraires.

La lettre suivante, écrite à Colbert, en

décembre 1663, ne sera pas sans intérêt pour le lecteur, comme pour l'histoire, en attendant que mes occupations m'aient permis de publier aussi une correspondance inédite de Pellisson :

« MONSIEUR,

» Quoy que ie n'aye presques pas l'honneur d'estre connue de vous, ie ne laisse pas d'espérer que vous ne trouverez point mauvais que ie prenne non-seulement la liberté de vous escrire, mais encore celle de vous demander une grace; et pour vous obliger à m'escouter favorablement, je vous protesteray d'abord que le Roy n'a point de suiette qui ait plus de passion ni plus de zèle que i'en ay tousiours eu pour sa gloire et que feu M. le Cardinal n'a iamais obligé personne qui ait eu plus d'estime pour ses grandes qualités ni plus de reconnoissance de ses bienfaits.

»Après cela, Monsieur, i'ose vous coniurer très instamment, si vous le pouvez comme ie n'en doute point, de faire que la prison de M. de Pellisson soit un peu plus douce. Si sa vertu, sa probité, son zèle pour le service du Roy et la considération que ie sçay qu'il a tousiours eue pour vous, vous estoient bien connues vous le regarderiez sans doute comme un homme dont l'innocence doit estre protégée par vous. Ie le dis d'autant plus hardiment, Monsieur, que i'espere que i'auray quelque iour l'honneur de vous le faire voir clairement. Ie vous coniure donc Monsieur, d'avoir la bonté de faire en sorte que la mère de M. de Pellisson, M. Rapin son beau-frère, M. Ménage et moy, ayons la liberté de le voir une fois ou deux la semaine.

» I'ose vous dire encore, Monsieur, que si vous sçaviez bien les choses, vous connaîtriez que ie ne vous demande rien que de iuste lorsque ie vous coniure d'adoucir la prison de mon amy. I'ose mesme vous assurer, Monsieur, que cette douceur sera glorieuse au Roy, pour le service duquel ie suis assurée que M. Pellisson voudroit donner toutes choses iusques à sa propre vie, et ie vous assure aussi que vous ne pouvez rien de plus iuste ni de plus honneste. Ie n'ose vous dire, Monsieur, que i'auray une reconnoissance éternelle de cette grace, si vous me l'accordez ; mais ie vous assure que vous obligerez un nombre infini d'honnestes gents en obligeant mon amy. Si i'eusse cru ne vous importuner pas, ie vous aurois demandé un quart d'heure d'audience pour vous dire ce que ie vous escris et peut-estre quelque chose de plus; mais n'ayant osé le faire ie me suis hasardée de vous escrire sans vouloir employer personne auprès de vous, quoy que i'aye beaucoup d'amis par qui i'eusse pu vous faire prier; mais i'ay mieux aimé ne devoir rien qu'à vostre propre générosité. Voilà, Monsieur, quels sont les sentimens d'une personne qui aura beaucoup de ioye, si vous voulez bien qu'elle ait l'honneur d'estre toute sa vie

» Monsieur,

» Votre très-humble, très-obligée et très-obéissante servante,

» MADELEINE DE SCUDÉRY. »

D'Essonne, reprenant la grande route, j'arrive, en peu d'instans, *à la Cour-de-France*, où l'on remarque à gauche une pyramide de vingt pieds de hauteur, sur laquelle on lit :

« DIEU,
LE ROI,
LES DAMES. »

Ici je ne connais personne;
Mais, d'après ces trois mots, aisément je soupçonne
Que du hameau les habitans
Sont amis de leur prince, et pieux et galans.

A la sortie du hameau, on trouve deux fontaines parallèles en pierre, sur le pont d'une seule arche, où la petite rivière d'Orge roule ses eaux. Sur ces fontaines, sont des trophées allégoriques en l'honneur de Louis XV (1).

A mes yeux, d'un côté, s'offre un groupe d'enfans,
Qui soutiennent un globe aux armes de la France;
De l'autre, un Roi (2), jadis sa plus chère espérance,
Décore un médaillon, que supporte le Temps,
Et que de ses lauriers la victoire couronne;
Sous les traits d'une femme, au bas on voit Bellone (3).

Chaque fontaine est ornée aussi d'une table de marbre blanc; sur l'une on lit:

---

(1) Avant 1727, cette route traversait le village de Juvisy; mais elle était si dangereuse et si pénible par la rapidité de la montagne, que Louis XV, en 1728, fit faire celle de la Cour-de-France, qui coûta des sommes immenses, attendu que ce n'était auparavant qu'une montagne escarpée.

(2) Louis XV.

(3) Ouvrage de Coustou l'aîné.

« LUD. XV REX CHRISTIANISSIMUS;
VIAM HANC, ANTEA DIFFICILEM,
ARDUAM AC PÆNE INVIAM,
SCISSIS, DISJECTISQUE RUPIBUS,
EXPLANATO COLLE
PONTE ET AGGERIBUS CONSTRUCTIS,
PLANAM, ROTABILEM ET AMOENAM
FIERI CURAVIT.

ANNO M. DCC. XXVIII. »

Sur l'autre, à droite :

« CE MONUMENT A ÉTÉ RESTAURÉ EN 1813. »

Suivent des caractères effacés.

A une demi-lieue de la Cour-de-France, nous trouvons le village de *Ris*. L'abbé Chastellain pense que ce nom vient du latin *Rivi*. Mais comme rien ne retrace qu'il y ait eu ni de rivière, ni de ruisseau qui passât dans ce village, et que d'ailleurs on lit dans les chartes du 11e siècle, que Ris s'appelait *Regia*, *Reysæ* et *Reziæ*; on voit combien cet abbé fut dans l'erreur.

Quelles qu'aient été mes recherches, je n'ai rien découvert sur l'origine du nom de *Ris*. Seulement un diplôme des rois Lothaire et Louis, apprend que l'église existait déjà en l'an 985, et appartenait au monastère de Saint-Magloire. Elle fut dans l'origine sous le titre de la Sainte-Vierge, puis de Saint-Blaise; et enfin, de Nôtre-Dame de Ris. Le chœur néanmoins, qui est très-petit, ne rappelle que le goût du 12ᵉ siècle. Avant la révolution, les amis des arts venaient y admirer une magnifique chaire de prédicateur, qui avait appartenu aux religieuses chanoinesses de Charonne; mais elle fut portée à Paris, vers la fin du siècle dernier.

Comme l'église est en très-mauvais état, on va la faire réparer.

Le superbe château, qu'on trouve à l'entrée du village, était la propriété de M. Anisson du Perron, ancien directeur de l'imprimerie royale, et seigneur de Ris. Il appartient aujourd'hui au général Andréossi, dont le chiffre est sur les grilles de fer. Henri IV, la reine, le dauphin et mesdames de France, paraissent avoir habité ce lieu, puisque l'abbé Lebœuf rapporte que ces illustres personnages, en allant à Fontainebleau, l'ont souvent honoré de leur présence.

Avant d'arriver à Essonne, nous laissons sur la gauche *Petit-Bourg*, qui fut la propriété de madame la duchesse de Bourbon.

Il est annoncé par trois allées d'arbres d'une hauteur prodigieuse. Il appartient à M. Perrin, qui y a fait de très-grandes dépenses.

Essonne est un village situé dans un fond, sur la rivière de ce nom, qui roule son onde transparente sur un sable doré.

Ce lieu, qui fut jadis florissant et assez considérable, était déjà connu en 480. L'on y battit monnaie sous les rois de la première race; et la légende que portaient les pièces était : *Exsona fisci*, dont il n'existe point d'échantillons au cabinet des médailles.

> Je trouve ici de limpides ruisseaux,
> Que rarement grossissent les orages;
> Là, je vois d'innocens troupeaux
> Errer en de gras pâturages;
> Et, vers le centre du vallon,
> Mon œil aperçoit la maison
> Où vit le fabricant habile,
> Qui, pour servir les arts, a déserté la ville (1).
> L'un, par des procédés nouveaux,
> Fait à la fois rouler cent dociles fuseaux;

---

(1) Manufacture d'indiennes appartenant à M. Oberkampf, qui est aussi propriétaire de celle de Jouï. La première fut établie en 1763 par M. Basan, négociant à Paris. Il occupait 60 ouvriers. A sa mort elle resta sans activité jusqu'en 1770. M. Oberkampf en fit l'acquisition, et l'on y a vu travailler jusqu'à 280 personnes.

Et l'autre, avec son fil, caché dans sa navette,
Imite, à s'y tromper, ce tissu transparent,
Que le luxe autrefois conquit sur l'Orient;
Ce tissu, dont on voit la moindre bergerette,
  Qui, de la toison des brebis
   Se filait jadis ses habits,
Rehausser aujourd'hui l'éclat de sa toilette.

Quoiqu'ayant peu l'humeur guerrière, je visite la poudrerie, qui remonte à 1668, et dont M. Robin eut la direction pendant vingt ans : elle fut détruite en 1814, à cause de l'approche des Prussiens; mais elle vient d'être rétablie, et c'est M. Grand-Besançon qui en a aujourd'hui la direction (1).

De là, je passe dans l'église, qui est en mauvais état : le chœur paraît avoir été rebâti vers la fin du 13ᵉ siècle. On sait que Clotaire III fit donation de ce bourg à l'abbaye de Saint-Denis, et que cette donation fut confirmée par le roi Pepin. L'on ne s'aperçoit plus de l'effet du tonnerre qui tomba dans cette église, en 1417; mais les habitans

---

(1) Dans cette poudrerie on fabrique la poudre qui sert à l'épreuve des belles armes de la manufacture de Versailles.

Le funeste événement arrivé pour la troisième fois à cette poudrerie, le 16 octobre 1820, à sept heures du soir, fait désirer aujourd'hui qu'elle soit isolée de toute habitation.

savent très-bien, par tradition, que les images qui représentaient quelque mystère de la passion, furent noircies et renversées par la foudre.

Me trouvant près d'un traiteur, je dîne. Je ne sais pas si les habitans sont scrupuleux sur l'article de la religion; car je n'ai vu personne à l'église, il est vrai que ce n'était point un jour de fête: toujours est-il certain que l'aubergiste ne se fait aucun scrupule d'écorcher les voyageurs.

Mais si, dans ce charmant pays,
L'on paye aussi cher qu'à Paris,
Du moins a-t-on la certitude
Que le traiteur n'a jamais l'habitude
De vous donner du chat au lieu de lapereau,
Ou du pigeon pour du perdreau,
Puisque toujours, à la sauce ou rôtie,
La bête avec la queue et la tête est servie.

Si l'on doit en croire les géographes, il paraît que les traiteurs d'Essonne ont été chers de tous les temps. On raconte que, sous Louis XV, *un aubergiste y fit payer un œuf frais vingt-quatre livres à un Anglais qui allait à Fontainebleau.*

Ce trait me rappelle que j'ai lu quelque

part (1), que Colbert ayant fait mettre un impôt sur les œufs, était maudit par une vieille femme, toutes les fois qu'elle faisait une omelette.

Le monde littéraire sait que,

Un illustre écrivain, tendre ami de Rousseau,
Enfin, l'auteur touchant de *Paul et Virginie*,
Roman plein d'intérêt et de philosophie,
Durant plus de quinze ans, habita ce hameau.
C'est-là que, contemplant ces rians paysages,
Qu'observant la nature en ses moindres rapports,
Bernardin s'emparait de ses riches trésors,
Pour nous les prodiguer dans ses doctes ouvrages.

La curiosité m'amène dans cette maison, appartenant à M. Pretôt, qui reçoit les voyageurs avec les manières les plus polies et les plus aimables. Pour vous donner une idée exacte de cette habitation, je ne saurais mieux faire que de laisser parler Bernardin de Saint-Pierre lui-même, qui en faisait la description en écrivant à son ami M. ***.

« ..... Ma maison.... n'est construite qu'en pierre brute, sans enduit au dehors, et n'a d'autre terrain qu'une île de deux ar-

---

(1) *Siècle de Louis XIV*, par Voltaire.

pens vingt-cinq perches, au milieu de laquelle elle est située, entourée d'un verger, d'un potager et d'une lisière de prairie : elle est telle enfin, par sa simplicité, qu'il convenait à l'étude de la nature, et que Jean-Jacques, mon ancien ami, eût aimé à l'habiter. »

Tout est simple, en effet, dans ce lieu, et rien ne pouvait mieux convenir aux goûts d'un homme qui n'aimait que les fleurs, les ruisseaux, ses enfans et *ses livres*, qui faisaient sa plus douce jouissance (1). Là, j'apprends avec plaisir que l'acquéreur de cette propriété champêtre n'y a fait aucun changement, si ce n'est un balcon dont la vue domine sur l'ancienne papeterie de M. Didot, qui est aujourd'hui une filature de laine.

Mais lisons plusieurs lettres de Bernardin, qui reçut par excellence l'heureux don de peindre la nature. Elles nous feront connaître ses principes, son caractère et son peu d'ambition pour les honneurs brillans qui lui furent offerts :

---

(1) Voyez *Vœux d'un Solitaire*, page 27.

« Monsieur,

» Permettez-moi de vous rappeler que vous m'avez promis de me mettre à même d'avoir, à Paris, une habitation un peu spacieuse avec quelques arbres sous mes fenêtres, parce que j'ai des petits enfans, un *Paul* et une *Virginie*, qui ont besoin d'exercice, et que je mets mon bonheur dans l'étude de la nature.

» Je suis convaincu de votre bonne volonté pour moi ; mais je ne peux douter aussi de la malveillance de mes ennemis. Ils ont trouvé le moyen de m'écarter de tous les emplois, parce que mes principes en physique ne sont pas tout-à-fait semblables aux leurs. Ils m'ont fait, de ma théorie des mers, une affaire d'état. Ils s'en sont servis pour aliéner de moi le chef de l'Etat, qui m'a honoré de plusieurs témoignages de son estime. Ils peuvent donc vous refroidir à mon égard. Ce n'est pas qu'ils puissent me faire le moindre reproche en politique, si ce n'est de ma modération. Loin des factions, j'ai dirigé toutes mes veilles au seul bonheur des hommes. Je me suis donc d'abord occupé du soin de modérer mes passions, avant de songer à calmer celles des autres; aussi, j'ai eu des amis dans tous les partis. J'ai plu aux orléanistes, aux royalistes, aux patriotes, aux jacobins, sans en flatter et en irriter aucun. Le duc d'Orléans me donna une pension, le Roi ajouta à celles dont il m'avait honoré, la place d'intendant du Jardin des Plantes et du Muséum; le Directoire me nomma professeur de l'Ecole normale et membre de l'Institut; toutes ces faveurs et ces places m'ont été offertes sans que j'aie demandé autre chose que le temps de délibérer si je les accepterais. C'est ainsi que j'ai refusé deux fois, au commencement de la révolution, la place de représentant du peuple, parce que j'étais sûr que nos éducations ambitieuses feraient bientôt dégénérer nos assemblées nationales en arènes de gladiateurs. Je me bornai à publier quelques vœux pour inviter les citoyens à la concorde. J'ai aujourd'hui la consolation de voir qu'une partie de ces vœux se réalise. Ceux de la nation, qui m'ont porté dernièrement sur la liste des candidats qu'elle présente aux premières places, prouvent que ma conduite a toujours été aussi pure que mes écrits. Ce n'est point par vanité que je publie ici mon apologie; Dieu m'en est témoin, c'est par nécessité. Mes ennemis m'ont fait refuser, par le Gouvernement, les faveurs légères que les besoins de ma famille m'ont obligé enfin de solliciter, et jusqu'aux services que je m'offrais de lui rendre même hors de ma patrie. Il leur est aisé de circonvenir les dispensateurs de la fortune, et de former entre ceux-ci et un solitaire sans intrigue, une chaîne impénétrable. Ils connaissent l'art perfide de se faire valoir par leur propre censure, et de nuire aux autres par des éloges même. Ce sont eux qui m'obligent aujourd'hui de réclamer auprès de vous une faveur nécessaire à mon âge, à mon bonheur, à celui de ma famille et à ma fortune détruite par la révolution, par des procès interminables et par des contrefacteurs qui m'ôtent jusqu'à l'espoir de la réparer par les fruits de mes travaux littéraires.

» Puissiez-vous être vous-même à l'abri de l'envie où vous exposent, bien plus que moi, vos grands talens et votre place éminente.

» Agréez les témoignages de ma reconnaissance et de mon respect.

DE SAINT-PIERRE.

23 février 1802.

AU MÊME.

« Je ne peux douter de votre estime par la faveur même que vous m'avez promise. Je cherche à l'accroître par mes travaux, dont la plus digne récompense sera, sans contredit, les suffrages des gens de bien.

» Les circonstances embarrassantes où je me trouve depuis long-temps, m'obligent de donner, par souscription, mes *Harmonies de la nature*, pour servir aux élémens de la morale et aux instituteurs des écoles primaires.

» Cet ouvrage, qui m'occupe depuis plusieurs années, est encore imparfait; mais j'espère l'achever pendant le cours de son impression, qui doit être au moins de deux ans. Je ne sais si cette mesure doit me priver des subsistances qui m'avaient été accordées pour ma famille, à l'occasion de ce travail, et que vous m'avez promis dernièrement de faire renouveler. Je ne l'ai pas moins dirigé vers l'instruction nationale, et j'espère qu'il excitera, dans le public, une partie des sentimens qui ont fait mon bonheur dans ma retraite. Puisse-t-il un jour

MAISON DE BERNARDIN DE SAINT-PIERRE.

contribuer au vôtre au milieu du tourbillon des affaires! Je vous en destine le premier exemplaire, pour servir de suite à mes Etudes de la nature, que je compte avoir l'honneur de vous présenter, comme un témoignage particulier de mon estime. J'en saisirai l'occasion à mon premier voyage à Paris, et c'est un des plus agréables motifs qui me font y désirer un asile.

» Agréez l'assurance de ces sentimens.

» DE SAINT-PIERRE.

« A Essonnes, 18 fructidor, l'an 4. »

La lettre suivante, qui, ainsi que les deux premières, m'a été donnée par celui à qui elle fut écrite, prouvera que la démarche de Bernardin ne fut point infructueuse, et que la promesse qui lui avait été faite, fut remplie.

« J'ai l'honneur de vous mander, comme à mon savant collègue, que j'ai reçu hier la lettre où vous m'annoncez un bienfait du Gouvernement, au même moment où un orage nous amenait une pluie bien désirée, et où ma femme, après un accouchement très-laborieux, me gratifiait d'un garçon bien portant. Parmi les harmonies de la nature qui m'occupent depuis long-temps, celles-ci m'ont paru assez remarquables.

» Il me reste à vous remercier du service que vous m'avez rendu; de celui que vous me promettez, et des choses obligeantes que vous me dites à cette occasion. Vous êtes le premier qui ait su rendre, à un homme de mon âge, l'espérance encore plus chère que la réalité.

» DE SAINT-PIERRE.

» A Essonnes, ce 15 prairial, l'an 5. »

D'Essonne je descends à Corbeil (1), qu'on distingue en ancien et moderne. Le vieux, qui paraît remonter au 6e siècle, n'était qu'un simple village, regardé aujourd'hui comme le faubourg du nouveau, bâti dans une prairie sur le rivage gauche de la Seine.

Selon la plupart des historiens, le nom de Corbeil vient de *Corbulon*, gouverneur des Gaules, lieutenant des empereurs Claude et Néron; et, selon d'autres, de *corbeille*, parce

---

(1) M. Aug. Villeret vient de faire paraître une vue de la ville de Corbeil, qu'il a dessinée et gravée lui-même.

que le plan de la ville en a la forme. Mais en lisant l'histoire de la Barre, on voit que les premiers habitans firent une meilleure allusion sur le nom de leur ville. Ils le firent venir de *Cœur-Bel*, voulant dire par-là qu'ils étaient fidèles et affectionnés à la Cour de France. Aussi chargèrent-ils l'*écusson de leurs armoiries d'un cœur de gueules, rempli d'une fleur de lis d'or en champ d'azur.*

La première église du nouveau Corbeil fut celle de Saint-Spire, due à la générosité d'Aymon, premier comte de Corbeil, sous Charles-le-Gros. Quoique ce comte fût mort durant son voyage à Rome, voyage que la religion seule lui fit entreprendre, son corps fut transporté à Corbeil par les soins de son épouse Elizabeth, et déposé dans le chœur de l'église, à gauche du maître-autel, où on le voit encore.

L'église de Saint-Guénaut, où se trouvent aujourd'hui la prison et la bibliothèque publique, composée de 4,000 volumes, fut due aussi à ce comte.

La ville reçut un nouvel éclat par la bienfaisance de la pieuse Ingelburge, fille de Valdemar, roi de Danemarck, que les écrivains du temps nous dépeignent comme douée des charmes extérieurs et des vertus morales les plus rares. Cependant, malgré tous ces précieux avantages, quoique mariée à 15 ans, elle n'éprouva que des peines domestiques, dont elle dut le terme apparent au pape Innocent III (1).

En 1223, époque de la mort du vainqueur de Bouvines, cette reine infortunée se retira à Corbeil, où elle fit bâtir l'église et la maison de Saint-Jean-en-l'Ile, ainsi désignée à cause de sa situation dans une île. Elle y vécut treize ans, et fut inhumée dans l'intérieur du monument dont elle fut la fondatrice (2). L'épitaphe suivante fut gravée sur son tombeau (3) :

---

(1) Les mariages de Philippe-Auguste furent conduits avec beaucoup de désordre. Il n'aima point sa première femme, Isabeau de Hainault, qui mourut en 1189. Ingelburge, sa seconde épouse, lui déplut. Il fit déclarer ce mariage nul, et se remaria avec Agnès de Méranie. Ingelburge porta ses plaintes au pape Innocent III. Après bien des différends, le roi la reprit, et Agnès mourut de chagrin.

(2) C'est dans ce lieu que se trouve aujourd'hui une poudrerie, sous la direction de M. Grand-Besançon.

(3) Ce tombeau fut recueilli, dans la révolution, par M. Lenoir, et porté au Musée des Monumens français. La reine était représentée, sur une plaque de cuivre, avec tous les attributs de la royauté.

« Hic jacet Isburgis regum generosa propago,
Regia quod Regis fuit uxor signat imago.
Flore nitens morum vixit, patre rege Danorum,
    Inclyta Francorum Regis adepta thorum.
Nobilis hæc erat in ortis : quod sanguine claro
    Invenies raro, mens pia, casta caro.
Annus millenus aderat deciesque vicenus,
    Ter duo, terque decem, cum subit illa necem. »
M. CC. XXXVI. »

Au bas du vieux Corbeil, qu'un très-beau pont unit avec le nouveau, on voit l'église de Saint-Léonard, moins fréquentée que celle de Saint-Spire.

Il y eut encore bien d'autres églises; mais les guerres civiles furent cause de leur destruction, afin de mieux défendre la ville, qui soutint divers siéges. Les villages voisins furent aussi le théâtre de plusieurs batailles sanglantes. Les plus mémorables, et dont les habitans aiment à parler, eurent lieu en 1562, lorsque les Calvinistes assiégèrent la ville, qui fut courageusement défendue par les Catholiques qui l'habitaient; et en 1591, époque où les Espagnols commirent les meurtres les plus atroces, mais que Henri-le-Grand, qui venait de signaler sa vaillance à la bataille d'Arques et à Ivri, leur fit payer cher.

Si le règne de ce prince fut trop court pour le bonheur de la France, arrêtons du moins nos regards sur une de ses lettres à la duchesse de Verneuil :

« Mon cher cœur, vostre mère et vostre sœur sont chez Beaumont, où je suys convyé de dysner demain. Je vous en manderé des nouvelles. Un lyevre m'a mené jusques aus rochers devant Malserbes, où j'ai éprouvé que des plesyrs passés douce est la souvenance. Je vous y ay souhaitté entre mes bras comme je vous y ay veue : souvenés vous en lisant ma lettre. Je m'asseure que cette mémoyre du passé vous fera mépryser tout ce quy vous sera présent, pour le moins an fais-je aynsyn en traversant les chemyns où j'ai tant passé vous alant voir. J'ai parlé à la Guelle, il est toujours obéysant et fydelle. Bonsoyr mes chères amours, sy je dors, mes songes ceront de vous; s'y je veylle, mes pancées ceront de mesmes; recevez, aynsyn disposé, un mylyon de besers de moy.

H. »

L'Hôtel-Dieu de Corbeil était si ancien,

que l'on prétendait que la reine Adèle de Champagne, veuve de Louis VII, n'en fût que la restauratrice. Il a été détruit, et l'hospice a été transféré dans le local des Ursulines. Il est desservi par trois sœurs de la Charité, qui méritent les plus grands éloges pour leur administration sage, vigilante et économique.

On rapporte que Corbeil vit naître des hommes distingués dans les sciences et les lettres, tels que Gilles, médecin de Philippe-Auguste, et que le fameux Abailard, contraint de quitter Paris, suivi d'un grand nombre de jeunes gens, vint y professer la philosophie (1).

Sans nous rejeter à des époques si éloignées, ne savons-nous pas qu'en 1750 Danse de Villoison, dont la vie entière fut consacrée à l'étude de la philologie grecque, y naquit. Voici une notice écrite de sa main, le 7 octobre 1802, à M. D*, son confrère à l'Académie des Inscriptions et Belles-Lettres, qui pourra servir à l'histoire de ce savant :

« A l'âge de vingt ans, dit-il, j'ai publié en

---

(1) Voyez le chapitre XVII de l'ouvrage d'Étienne Pasquier, sur les *Recherches de la France*.

deux volumes *in-quarto*, avec ma traduction latine et avec mes notes, le manuscrit grec le plus difficile à déchiffrer (1), ce qui me fit sur-le-champ donner une dispense d'âge pour entrer à l'Académie des Belles-Lettres, où l'on ne pouvait être reçu avant vingt-cinq ans (2) : depuis, j'ai donné trois volumes *in-quarto* et un *in-folio*, tirés des manuscrits grecs de Paris et de Venise; j'ai examiné presque tous ceux de l'abbaye de Saint-Germain-des-Prés, de la Bibliothèque nationale et de celle d'Augsbourg, de vingt-deux monastères du Mont-Athos et de trente-quatre îles de l'Archipel, de Constantinople, de la Morée, de Smyrne, etc., etc. »

---

(1) Il n'y a pas de doute que ce ne soit le *Lexique d'Homère*, par Apollonius.

(2) D'après une loi du 25 octobre 1795, il fut créé un Institut national des Sciences et des Arts. Le Directoire, par un arrêté du 29 du même mois, désigna un certain nombre de membres qui devaient entrer dans la composition de chaque classe. Ceux-ci complétèrent la société. Quoique Villoison fût de l'ancienne Académie des Inscriptions et Belles-Lettres, il ne s'en suivait pas qu'il dût être du nouvel Institut. Pour être nommé, il va trouver Larcher, traducteur d'Hérodote, l'un des membres, lui dit qu'il est pauvre et le prie de songer à lui. Larcher, en racontant ce genre de sollicitation, ajoutait qu'en semblable circonstance on avait fait observer que l'Académie n'était pas un hôpital.

Tant de glorieux travaux sur la littérature grecque; ses voyages en Asie, en Allemagne, en Italie, faits par ordre du Gouvernement, prouvant que Villoison pouvait interpréter les passages les plus difficiles des écrivains dans tous les idiomes de la Grèce, le firent nommer provisoirement professeur de grec moderne à l'Ecole des Langues Orientales. Plus tard, le Gouvernement, pensant, avec raison, qu'il serait plus utile aux littérateurs, transféra, par un décret du 17 novembre 1804, cette chaire au Collége de France, en l'autorisant à professer aussi le grec ancien. Mais il n'en remplit les fonctions que peu de temps. La mort vint le frapper l'année suivante, à l'âge de 55 ans (1).

Un homme (La Harpe) qui a honoré notre littérature, justement surnommé le *Quintilien français*, dont les critiques étaient souvent sévères et n'étaient pas peut-être toujours justes, fut obligé de se cacher après le 13 vendémiaire et au 18 fructidor. Ce fut Cor-

---

(1) M. Hase, qui occupe un rang distingué parmi nos hellénistes, fut appelé à remplir provisoirement la chaire de grec vulgaire à l'Ecole des Langues Orientales, qui a été confirmée par Sa Majesté en 1819.

beil qu'il choisit pour asile; et, le 28 février 1802, il y vint pour la dernière fois. L'ordre de son exil portait qu'il irait à 25 lieues de Paris; mais on lui accorda la permission d'habiter Corbeil. Les demoiselles Bessart, qui parlent encore avec vénération de ce critique illustre, et qui elles-mêmes sont en vénération dans leur canton, lui offrirent une retraite paisible. C'est-là qu'il recevait un très-petit nombre d'amis. M. Beuchot, savant bibliographe, qui était en correspondance avec lui, a bien voulu me donner une lettre de cet auteur. Comme elle a rapport à un écrivain de nos jours, dont La Harpe avait conçu de grandes espérances qui depuis ont été justifiées par des ouvrages vraiment dignes d'intérêt, je crois devoir la joindre à mon voyage, avec une autre lettre également intéressante, écrite à M. Dureau de la Malle, traducteur de Tacite:

« A monsieur Beuchot.

» Corbeil, 17 juin 1802.

» Je suis absolument de votre avis, Monsieur, sur ces informes et misérables rapsodies que l'on nomme *Tablettes de Voltaire* (1). Je ne vous suis pas moins obligé d'avoir bien voulu me les envoyer ; j'ai jeté en marge quelques notes qui pourront servir en temps et lieu.

Quant à l'ouvrage de votre ami (2), vous savez combien j'ai peu de loisir pour lire de suite un ouvrage sérieux, à moins qu'il ne rentre immédiatement dans les objets qui m'occupent, et pour lesquels je n'ai pas assez de temps et de force. Je n'ai pu encore

---

(1) L'ouvrage, que La Harpe désigne sous le titre de *Tablettes de Voltaire*, est intitulé : *Pensées, Remarques et Observations de Voltaire*, ouvrage posthume. Paris, Barba, an X — 1802, 1 vol. in-12 et in-8°.

(2) Il s'agit ici de l'ouvrage intitulé : *du Sentiment considéré dans ses Rapports avec la Littérature et les Arts*, par P. S. Ballanche fils.

M. Ballanche a publié depuis, 1° *Antigone*, in-8°, dont les journaux viennent d'annoncer une deuxième édition ; 2° *Essai sur les Institutions Sociales*, dans leur rapport avec les idées nouvelles. 1818, in-8°, etc.

que parcourir quelques morceaux de ce livre, et je vous dirai d'abord qu'il m'a donné la meilleure opinion de ce que l'auteur est capable de faire. Ce jeune homme est plein d'esprit, d'imagination et de sensibilité. Tout ce qui concerne la religion est vraiment senti, vraiment éloquent; ce seul morceau suffit pour prouver le talent, et celui-ci est puisé à la bonne source, dans l'amour de la vérité, dans un cœur chrétien. Je me suis rencontré avec lui dans ce qu'il dit de l'Elysée du Télémaque, et qui se trouvera aussi dans ma nouvelle édition de l'Éloge de Fénélon. Mais il y a de quoi être confus d'avoir aperçu si tard ce qu'un jeune homme de vingt ans a vu tout de suite. *Intellectus bonus facientibus eum.*

» Je dois vous observer, avec la même franchise, que tout cela ne suffit pas pour faire à son âge un ouvrage de la nature de celui qu'il a entrepris. Sur sa préface, que j'ai lue toute entière, et dont il s'en faut que je sois content, j'oserais assurer que son plan est mal conçu, et qu'il ne pourrait lui-même s'en rendre compte.

» Il y a deux choses que la jeunesse ne saurait suppléer, parce que le temps seul les donne : le jugement et les connaissances. J'ai assez bonne opinion de lui pour croire qu'il se rendrait très-facilement aux observations que je lui fais sur cette préface, qui est l'exposé de son livre, et qui porte toute entière sur un continuel abus de mots, qui provient du peu d'étude et de connaissance des choses. Je conseille à ce jeune homme de se défier beaucoup de la vivacité de son esprit, et de le laisser mûrir dans l'étude et la réflexion : il est fait pour porter de bons fruits en son temps. *Fructum dabit in tempore suo.* Son zèle pour la religion doit armer contre lui toute la bande philosophique, et j'avoue qu'elle n'est pas à craindre. Quand ils l'auront appelé *capucin, fanatique,* etc., ils auront tout dit. Mais il reste encore parmi eux deux ou trois hommes instruits et adroits, qui se garderont bien de le contredire sur ce qu'il dit de la religion ; mais qui pourront l'attaquer sur la logique et la métaphysique de ce qu'il appelle son système, et qui n'auront que trop beau jeu. C'est-là ce qui me fait toujours de la peine, quand je vois de jeunes zélateurs trop pressés de combattre, avant d'être assez sûrs de la trempe de leurs armes et de la science de l'escrime.

» Vous me ferez toujours honneur et plaisir, quand vous voudrez visiter ma retraite rustique, et je serai toujours charmé de vous renouveler l'assurance des sentimens d'estime que vous m'avez inspirés.

» DE LA HARPE. »

« *A Monsieur Dureau de la Malle.*

» Paris, 15 février 1776.

» J'ai eu soin, mon cher Tacite, qu'on vous fît parvenir sur-le-champ la feuille où j'ai rendu compte de votre Sénèque. Je souhaite, du fond du cœur, que vous en ayez été content. Vous avez dû voir au moins que je vous loue en homme que j'aime, et que je vous critique en homme que j'estime. Je sens que je n'en demanderais davantage à personne. Faites-moi le plaisir de me marquer ce que vous pensez. Vous savez quel prix j'attache à votre amitié, et quel cas je fais de votre suffrage.

Vous aurez été peut-être étonné de vous trouver dans le journal de *Pancoucke* et non pas dans le *Mercure*. Mais il s'est bien passé des événemens depuis votre départ. Avouez qu'on ne peut quitter Paris trois mois sans être tout-à-fait désorienté. Si vous lisiez ce journal lorsqu'il était celui de Linguet, vous avez dû voir un article du 25 juillet où il rendait compte de mon discours de réception, et qu'il était de la plus grossière et de la plus scandaleuse insolence contre l'Acamie et contre moi. Pour le coup ce maraud de Linguet a été dupe de sa haine et de sa longue impunité. On ne lui demandait que d'être impudent avec mesure, mais il a passé les bornes. Il n'a pas été possible de fermer les yeux, et dès le lendemain que la feuille eût paru, le Garde des Sceaux et le Ministre des Affaires Etrangères envoyèrent à *Pancoucke* une défense d'employer désormais Linguet au journal dont ce libraire a le privilége pour trente ans. *Pancoucke* vint sur-le-champ me prier de venir à son secours. J'étais un peu embarrassé : dans le même moment je venais de demander pour moi le privilége d'un journal. J'allai chez le Garde des Sceaux, qui me représenta l'intérêt que le Ministère prenait à ce journal de *Pancoucke,* dont les Affaires Etrangères tirent 22 mille livres, et sur lequel le Garde des Sceaux lui-même donne mille écus de pension. Il me pressa d'accepter cette besogne, qui était sûre et bien payée, et qui me coûterait beaucoup moins de peine qu'un nouveau journal à établir. Je me rendis à ses raisons, et depuis ce jour j'ai fait toutes les feuilles qui ont paru. La politique était, depuis plusieurs mois, confiée à Fontanelle, à qui Linguet l'avait cédée, ne se réservant que la littérature. Linguet est allé à Bruxelles imprimer une lettre au Roi, plus insolente et cependant plus ennuyeuse qu'on ne peut l'imaginer. Le ridicule de l'égoïsme et de la déraison y est poussé encore plus loin qu'à lui n'appartient, c'est beaucoup dire. Vous pensez bien que je n'y suis pas ménagé. Il affirme qu'à prendre l'avis des neuf dixièmes de la nation, je ne devais jamais être de l'Académie. Il prouve que l'Académie est un corps inutile et même dangereux, et qu'il n'y a plus en France ni lois ni liberté, puisqu'il n'est pas permis à Linguet de faire impunément des libelles. J'en reviens toujours à ce que j'ai dit. Il finira comme l'abbé Lacoste, au carcan.

» J'attends de vos nouvelles, mon cher ami. Ma femme est en Normandie. Je vous prie de présenter mes respects à madame

Dureau. Je vous ferai parvenir mon discours de réception, si vous m'en indiquez les moyens.

» Je vous aime et vous embrasse de tout mon cœur.

» DE LA HARPE. »

En sortant du vieux Corbeil, des collines fertiles, qui accompagnent le voyageur jusqu'à Etioles (1), au-dessous de la forêt de Senart, ne me laissent pas apercevoir que j'ai fait près d'une lieue. Les objets qui frappent d'abord mes regards, sont deux châteaux. Le premier appartint au fameux Duhamel (2).

---

(1) Dans des chartes du 13ᵉ siècle, ce village est appelé *Atiolæ*. Au commencement du 14ᵉ, *Athyoles*, puis *Aithioles*; enfin *Ethioles*. Il est vraisemblable que ce mot celtique latinisé, signifie *cabane*, *hutte*.

Sauval, Piganiol, etc., ne parlant point de ce lieu, cela m'a engagé à faire des recherches particulières. Je l'ai trouvé écrit *Athioles*, dans un acte tiré du registre 70 du trésor des chartes, année 1336. On y lit une concession faite à un chapelain de percevoir 16 livres de rente pour une chapellenie, qui devait être fondée dans l'église paroissiale de ce lieu.

(2) « C'est le château d'un sage aux malheureux ouvert;
  Duhamel, c'est le tien. »

Epître à Duhamel, par Colardeau.

Il appartient aujourd'hui à M. Sibuet, ancien président du tribunal de Corbeil.

Ce fut jadis dans ce château
Qu'on vit souvent un vrai poète,
Le tendre et brûlant Colardeau,
Du sentiment digne interprète.

Malgré le style gracieux
Dont il orna son vers facile;
Malgré ses tours ingénieux,
A la nature il fut docile.

Né d'un caractère indulgent,
Et d'une humeur douce et paisible,
Aux traits aigus d'un vers méchant,
Son cœur, hélas! fut trop sensible.

Entre la gloire et l'amitié,
Flottant au gré de son envie,
Il leur consacra par moitié
Le cours tranquille de sa vie.

Le fauteuil, siége du talent,
Allait honorer sa carrière;
La mort lui ravit la lumière,
Et le fauteuil resta vacant (1).

La Harpe, couronnant sa tête
Des lauriers du sacré vallon,
Fut l'heureux enfant d'Apollon
Qui du fauteuil fit la conquête.

---

(1) Colardeau fut élu membre de l'Académie française au mois de janvier 1776, pour remplacer le duc de Saint-Aignan, mais il ne put prononcer son discours de réception. Il

L'autre château, qu'on remarque à la sortie du village, était la propriété de M. le

---

mourut d'une hydropisie de poitrine, le jour de Pâques, 7 avril 1776, à peine âgé de 43 ans. C'est, comme on pourrait fort bien le dire,

Descendre dans la tombe une palme à la main.

Voici une lettre qu'il écrivit, deux ans avant sa mort, à M. Regnard, curé de Saint-Salomon, à Pithiviers.

« A Paris, ce 4 mai 1774.

» Vous sçavés sans doute, mon cher oncle, la maladie du Roi. Son état actuel est aussi bon qu'il peut être. L'éruption de la petite vérole se fait avec abondance ; mais, elle est confluente, et le danger subsiste toujours. Il entrera ce soir dans le cinq. C'est être au milieu de la maladie. Ce grand intérêt occupe tout le monde, et l'on est dans une suspension d'esprit qui est marquée sur tous les visages.

» Nous partons aujourd'hui pour Etiolles. Nous allons trouver cette année-ci la campagne avec toute sa parure. J'ai préparé ici mon voyage vers vos cantons, et me suis pourvû d'une voiture. J'ai fait aussi des arrangemens pour que madame de la Vieuville eût compagnie pendant mon absence. Je compte vers la fin du mois m'acheminer vers votre ville. Il n'y a que ma santé qui pourroit renverser mes projets. Elle est assés bonne depuis quelque tems.

» Je viens de faire imprimer l'Epître à M. Duhamel. Je ne crois pas que cela lui déplaise. Mon libraire m'a demandé de détacher cette pièce de mon édition, qui va son train et qui sera prette pour l'entrée de l'hiver. J'attens la permission de mettre en vente de M. le Chancelier. L'événement du

Normand d'Étioles, mari de madame de Pompadour (1).

C'est-là qu'on voyait d'habitude
Saint-Lambert, Beaumarchais, nos belles de Paris,
    Qui de la ville abjurant les soucis,
    Et du Seigneur peuplant la solitude,
    Dans ce séjour, habité par les Ris,
Buvaient son vin en mangeant ses perdrix (2).

---

jour a retardé le sceau. J'ai fait d'heureuses corrections dans cette épître, qui a 400 vers aujourd'hui. Prévenés mon de Dénainvilliers de mon indiscrettion, et faites-lui agréer mes excuses. Je lui enverrai une douzaine d'exemplaires ainsi qu'à vous.

» Vous sentés que dans ce moment-ci toutes les affaires de Cour sont arrêtées. Madame d'Harville me donna dernièrement des assurances des bonnes dispositions de M. le Cardinal. Elle renouvellera ses sollicitations à la première nomination qui se fera. Elle a grande envie de m'obliger ainsi que vous. Madame de la Vieuville vous dit mille choses, et moi je vous embrasse de droite et de gauche ainsi que mes sœurs. Des amitiés, s'il vous plaît, à l'abbé. »

(1) Ce château appartient maintenant à madame de Saint-Aulaire.

(2) Le jour de la Saint-Charles surtout, patron de M. le Normand, on s'y rendait; Beaumarchais y vint, déguisé en paysan, chanter la chanson qui commence ainsi :

« Mes chers amis, pourriez-vous m'enseigner
    Z'un bon Seigneur dont chacun parle,
Je n'sais pas trop comment vous l'désigner,
    Mais z'on m'a dit qu'il a nom Charle, etc. »

Mais un trait qu'il est bon d'arracher au silence,
C'est que le Normand, dans le cours
Des plaisirs variés où s'écoulaient ses jours,
Jamais n'oublia l'indigence.
En ce hameau l'on raconte aujourd'hui
Que, dans ces temps de terreur, où le crime
Envahissait le bien d'autrui,
Il prit le Normand pour victime.
Et, le point le plus capital
Que tour-à-tour chacun répète,
C'est que, depuis l'instant fatal,
Ni belles, ni marquis n'ont revu sa retraite.

L'auteur du *Barbier de Séville*, sensible, bienfaisant, et qui, en me servant de l'expression de La Harpe, *aimait ses amis comme sa famille*, fut le seul qui n'abandonna point le Normand dans son infortune; ce qui ne l'empêchait pas néanmoins de s'occuper aussi de ses autres amis. Voici deux traits restés inconnus, et qui sont d'autant plus dignes d'intérêt, qu'on me les a communiqués écrits de sa main.

En 1796, Beaumarchais apprend que la célèbre madame Vestris était menacée de perdre un droit que ses talens lui avaient acquis. Il lui écrit la lettre suivante, sans l'informer d'une seconde lettre adressée à un homme juste, sage et très-puissant alors.

« *A madame Vestris.*

« Ce 27 septembre 1796.

» Toutes mes démarches et mes soins n'ont produit, Madame, autre chose qu'une espèce de certitude, que le Gouvernement avait fait ou fait faire des dispositions étrangères à vous et à *Préville*, pour la location des cafés de l'*Odéon*. Sans doute, et je le crois, c'est dans l'ignorance où il est que la jouissance viagère de ces deux maisons de café vous avait été accordée par le Gouvernement ancien, *comme portion d'un dédommagement bien dû* pour la continuation de l'exercice de deux talens aussi supérieurs en leur genre, qu'ils avaient long-temps été chers au public (1). Ce titre de possession, Madame, est aussi respecté aujourd'hui qu'il l'ait été dans aucun temps. Une si bonne cause ne

_____

(1) Avant 1792, les premiers sujets de la Comédie Française obtenaient, à titre de récompense, la jouissance de deux pavillons attenant à leur théâtre. Ce que j'avance est d'autant plus exact, que M. Talma, qui jouit aujourd'hui d'une indemnité de 1000 francs pour logement, ne l'a obtenue que comme dédommagement de ce droit. Peut-être serait-il à désirer, pour l'émulation, que cet ancien usage fût remis en vigueur.

saurait donc être perdue, sur une ignorance des faits. Ce que je vous invite à faire, est d'aller au plutôt la soumettre à M. Bénézech, homme éclairé, l'ami des arts, et l'un des agens supérieurs du Gouvernement, les plus chéris de la nation, pour son équité reconnue. Allez avec confiance, célèbre actrice, invoquer la justice de cet homme recommandable, auprès duquel vous n'aurez, pour être bien recommandée, qu'à lui rappeler votre nom.

» Je vous salue.

» CARON BEAUMARCHAIS. »

Voici la lettre écrite à M. Bénézech :

« Ce 29 septembre 1796.

» Les inutiles doivent craindre, surtout, d'abuser des bontés qu'on leur a témoignées, en se rendant plus importuns. C'est le seul motif qui retient mon empressement à vous voir.

» Vous connaissez ma passion pour le théâtre. Tous les artistes qui s'y rendent célèbres me sont chers. Ne soyez pas surpris si j'engage madame *Vestris* à vous aller solliciter pour le redressement d'un tort qui lui est fait.

» J'ai pris la liberté de l'assurer qu'elle ne devait pas hésiter. C'est une occasion nouvelle que je saisis pour vous répéter combien je vous honore et vous respecte.

» CARON BEAUMARCHAIS (1). »

Je poursuis mon voyage. Au moment où j'admirais le profond silence de la campagne, qui n'était interrompu que par le murmure mélancolique des ruisseaux lointains, des sons harmonieux viennent frapper mon oreille. J'écoute et je crois d'abord entendre quelque nymphe qui chante ses plaisirs ou ses peines. Curieux, je me détourne de ma route, et je traverse un petit bosquet;

J'approche, et j'aperçois un berger, vieux barbon,
Qui, rajeunissant sa figure,
Dans le cristal d'une onde pure,
Essuyait son rasoir sur le nez d'un mouton.

Indigné de cette cruauté, je lui fais sentir

---

(1) Beaumarchais mourut en 1799, et fut inhumé dans le jardin de la maison qui porte son nom : depuis un an, ses cendres ont été exhumées et portées au Père-Lachaise, près de celles de son épouse, décédée au mois d'août 1816.

sa barbarie. Depuis six ans, me dit-il, c'est lui que je prends; et, si j'en choisissais un autre, il en serait jaloux. Je n'eus rien à répondre, surtout lorsque le son de la clochette, suspendue au col du paisible animal, m'annonça que c'était le mouton favori du troupeau.

A un quart de lieue, je trouve Soisy-sous-Etioles ou sur Seine.

Ce village peut être regardé comme un des plus agréables de France. Il est impossible de se faire une idée du nombre des châteaux, des jardins et des parcs que l'on aperçoit; et les sites rians ou sévères que l'on rencontre de toute part, abrègent la route du voyageur en récréant ses yeux.

    Le château principal, dans son riche domaine,
    Vit autrefois Lecourbe, illustre capitaine,
    Qui du Danube en chef commanda les guerriers,
    Se reposer en paix au sein de ses lauriers :
    Tout auprès, ce château, sous son toit tutélaire,
    Vit jadis habiter ce vaillant Saint-Hilaire,
    Qui, bravant les dangers au milieu des combats,
    En cherchant la victoire a trouvé le trépas :
    Du courageux Dumas ce troisième est l'asile :
    C'est ici que sa muse, élégante et facile,
    D'Apollon et de Mars tour-à-tour suit les lois,
    Sait vaincre, et des Français décrire les exploits.

Mais de Soisy surtout une femme est la gloire;
Là, résidait Livry (1); son immense mémoire,
Son goût exquis formaient ses moindres attributs;
Son cœur était encor le temple des vertus;
Digne, par ses talens, sa rare bienfaisance,
Des fameux Lamoignon, auteurs de sa naissance,
Elle marqua ses jours par autant de bienfaits;
Elle meurt, dans le sein des heureux qu'elle a faits;
Et la Reconnaissance, en larmes, en prière,
Honore d'un long deuil sa demeure dernière.

Il me resterait bien encore un ou deux villages voisins qui pourraient m'offrir des détails intéressans;

Mais la nuit, de son crêpe attristant la nature,
Et dans ces lieux m'ayant surpris,
De Corbeil à grands pas je rejoins la voiture,
Qui part et me roule à Paris.
Là, suivant cet ancien adage,
La nuit tous chats sont gris (2),
Je me vois obligé de finir mon voyage
Et mes tableaux et mes écrits.

———

(1) Madame de Livry, veuve du marquis de Livry, premier maitre-d'hôtel de Louis XV.

(2) Tel est le proverbe, et non, « les plus beaux chats sont gris », comme l'a dit Beaumarchais dans le Barbier de Séville.

FIN DU TROISIÈME VOYAGE.

QUATRIÈME VOYAGE.

QUATRIÈME VOYAGE.

Pour achever, tant bien que mal,
De mes voyages le journal,
Je me décide à faire emp'ette
D'une voiture et d'un cheval.
Alors, rehaussant la toilette
De John, mon fidèle laquais,
Je fais un cocher plein d'adresse
Du plus élégant des jockeys.
A ma voix, bientôt il s'empresse
De me diriger vers Montreuil :
Et moi, qu'en voiture publique
On traitait d'auteur famélique,
Sans m'honorer d'un seul coup-d'œil,
Grâce à mon nouvel équipage,
Je parais un grand personnage
A qui partout l'on fait accueil.
Tel est donc, fortune légère,
Ton ascendant sur les esprits,
Que la vertu dans la misère
Devient l'objet de leurs mépris !

J'arrive à Montreuil-sous-le-Bois, ainsi nommé parce qu'il est près du bois de Vincennes, et pour le distinguer d'un autre village du même nom, à peu de distance de Versailles.

Valois n'hésite pas d'assurer que *Montreuil* vient de *Monasteriolum*, et l'abbé *Lebœuf* pense que quelque doyen de l'église de Paris a pu y faire construire un petit oratoire qui aura été qualifié de *Monasteriolum*, lequel aura servi dans la suite de paroisse aux vignerons qui s'y seront établis.

Pour moi, peu satisfait de ces suppositions, après avoir bien parcouru ce village, ne voyant rien qui retraçât le lieu où aurait pu se trouver un monastère, je me suis livré à de nouvelles recherches. J'ai lu, dans la charte de fondation de l'abbaye Saint-Victor, de l'an 1113, que Montreuil s'appelait alors *Musterolium*, c'est-à-dire petit Moustier, petit monastère, assertion qui vient à l'appui du sentiment de l'abbé Lebœuf. J'ai vu de plus qu'à cette époque le roi Louis-le-Gros donna à l'abbaye de Saint-Victor une charrue, *terram unius carrucæ*, attenante à Montreuil, avec un homme pour cultiver cette terre.

Ce fut près de ce lieu que le savant le Nain de Tillemont se retira en 1679, et qu'il composa plusieurs ouvrages. Je dois vous dire à ce propos qu'il en est un resté inédit ; c'est l'histoire de Louis IX.

Le Maître de Sacy fut prié par M. de Montausier, qui, selon toute apparence, faisait composer cet ouvrage pour l'éducation du prince dont il était le gouverneur, d'écrire la vie du saint Roi. Le Maître de Sacy, occupé sans doute de travaux non moins importans, engagea le Nain à le faire. M. de la Chaise refit plus tard un travail sur le même sujet, à l'aide des Mémoires de Tillemont, et publia en 1688 deux volumes in-quarto. Mais quoique nous ayons en outre l'ouvrage de Joinville, mis au jour par l'abbé Sallier, il serait d'autant plus à désirer que l'on imprimât celui de Tillemont, dont le manuscrit autographe se trouve à la Bibliothèque du Roi, que cet écrivain est reconnu pour joindre à une grande exactitude une rare érudition.

La petite maison, qui suffisait aux goûts simples et au peu d'ambition de ce solitaire chrétien, devint un fort beau château qui fut la propriété de M. Biercourt de Tillemont. Ce n'est que depuis huit ans environ qu'il a été détruit, et maintenant tout le terrain appartient au boulanger du lieu.

Le village, assis sur un côteau très-fertile,

offre les plus beaux jardins qu'on puisse voir. Nulle part l'industrie n'a poussé aussi loin la culture des arbres fruitiers, et principalement du pêcher, qu'on y voit venir en espaliers.

C'est toi surtout, Montreuil, qu'on voit dans nos climats
Accueillir, féconder ces arbres délicats,
Dont le fruit velouté, que la pourpre colore,
Retrace à nos regards cet aspect virginal
D'une beauté, qu'amour n'a pas séduite encore;
Et qui, de la pudeur dont son front se décore,
Ne perd le vif éclat qu'au flambeau nuptial.

Il est un autre fruit qui, joint aux pêches, fait la richesse des habitans de Montreuil:

Ce sont les poires de Crassane,
Que, pour les vendre encor plus cher,
Souvent l'adroite paysanne
Ne porte à Paris qu'en hiver.

La construction du chœur de l'église, sous le titre de Saint-Pierre et Saint-Paul, ne remonte guère au-delà du treizième siècle; et, s'il est vrai, comme l'assurent les historiens, que Charles V, surnommé le Sage, ait été baptisé sur les fonts de cette paroisse, il ne pouvait y avoir que très-peu de temps que l'église était érigée. La flèche du clocher a été renversée, il y a quelques années, parce qu'on avait remarqué une inclinaison assez sensible, pour inspirer de justes craintes aux habitans.

De Montreuil, je descends à Vincennes. Des écrivains du quinzième siècle ont pensé que l'extrême pureté de l'air qu'on y respirait rendait la *vie saine*, et que c'était de *vita sana* que dérivait ce nom, oubliant, malgré le vice de cette dénomination, que, dans plusieurs lieux voisins de la capitale, on jouissait d'un air encore plus salubre. Mais, s'ils s'étaient donné la peine de faire des recherches, ils auraient trouvé, dans plusieurs chartes fort anciennes, qu'on faisait venir Vincennes du latin *Vicenæ*, parce que l'on comptait vingt stades de Paris à ce village (1). Ils auraient vu de plus que, outre que Rigord et Guillaume le Breton, écrivains du douzième siècle, avaient adopté cette étymologie, on lisait aussi, dans un

---

(1) Cette étymologie fut attaquée dans une séance de l'Académie, le 22 mai 1744. On pensait que les Francs n'avaient pas connu le stade comme mesure itinéraire. La discussion engagea M. de Foncemagne à faire de nouvelles recherches qui furent en faveur de *Vicenæ*. Le stade était de 125 pas. On comptait donc alors 2500 pas de Paris à Vincennes.

poëme sur la mort de Charles-le-Bel, composé en 1327 :

« Æde Vicenarum letum gustavit amarum. »

Si l'on ne connaît pas d'une manière précise l'époque de la première plantation du bois (1), on sait du moins qu'en 1164, Louis VII y fit construire de petits logemens pour lui servir au retour de la chasse, et que Philippe-Auguste, dix-neuf ans après, ferma le bois par des murailles, en fit un véritable parc, et jeta les fondemens du château, dont le comte de Tancarville fut le premier gouverneur.

Le fameux donjon fut commencé en 1333; et le roi Jean, ainsi que son successeur Charles V, qui y naquit et mourut, le firent achever.

Des environs divers de notre capitale,
Vincenne en plus grand nombre étale
Des souvenirs de gloire et d'opprobre à la fois.
Il vit le plus saint de nos rois

---

(1) En 1419 le bois fut si cher à Paris, qu'on coupa celui de Vincennes pour la consommation de la capitale. 312 ans après, il fut arraché ; et, la même année, c'est-à-dire en 1731, on en replanta un autre avec des arbres isolés dans les allées, dont la principale conduit à Saint-Maur.

Des vertus dans ses murs arborer la bannière ;
  Et d'Isabelle de Bavière
Il a vu l'impudique et fastueuse Cour
Fixer dans ce château son odieux séjour.
Long-temps, il fut l'asile, où Vénus sur ses traces
Conduisait les Amours, les Plaisirs et les Grâces :
Plus tard, un lieu fatal de terreur et de deuil,
Où nos Rois ont trouvé leur prison (1), leur cercueil (2).

Parmi les illustres personnages qui y furent mis en détention, on doit distinguer les princes de Condé, de Conti et le duc de Longueville ; mais il faut croire que ces princes n'en furent guère affligés, puisqu'en allant à la citadelle du Havre, où ils furent transférés, ils chantaient dans leur carrosse, le long du chemin, la chanson suivante, faite par le prince de Condé :

  « Cet homme gros et court,
   Si connu dans l'histoire,
  Ce grand comte d'Harcourt
   Tout couronné de gloire,
Qui secourut Casal et qui reprit Turin,
Est maintenant recors de Jules Mazarin (3). »

---

(1) Henri IV, lorsqu'il n'était que roi de Navarre. Ce fut sous Louis XI que le donjon devint une prison d'état, et n'a cessé de l'être qu'en 1784, sous le ministère du baron de Breteuil.

(2) Louis-le-Hutin, en 1316. Charles IX, le 30 mai 1574, etc.

(3) On sait que Henri de Lorraine, comte d'Harcourt,

Ces princes ne furent pas plutôt arrivés au Havre, que le parlement ne cessa de faire des instances pour qu'ils fussent mis en liberté. Mais, comme ils étaient détenus par ordre de la reine régente, voici la lettre qu'elle écrivit au cardinal Mazarin, en faisant croire néanmoins au parlement que les princes seraient mis bientôt en liberté :

« Mon cousin estant inportant de retenir avec mes cousins les princes de Condé, de Conty et duc de Longueville auparavant que de les mettre en liberté, je vous fais celle-cy, pour vous dire que je desire que vous vous y enploiés vous asseurant que je feray exécuter ponctuellement tout ce

---

s'attacha au parti du cardinal Mazarin, et commanda l'escorte qui conduisit les princes de Vincennes à la citadelle du Havre.

Lorsque M. le Prince fut transféré dans cette ville, plusieurs personnes furent voir la partie du donjon qu'il avait habitée à Vincennes. Mademoiselle de Scudéry fut du nombre des curieux, et grava le quatrain suivant sur une pierre, où le prince avait planté des œillets qu'il arrosait lui-même :

« En voyant ces œillets, qu'un illustre guerrier
Arrosa d'une main qui gagna des batailles,
Souviens-toi qu'Apollon bâtissait des murailles,
Et ne t'étonne pas de voir Mars jardinier. »

Mon cousin estant important de retenir avec moy les princes de condé de conty et duc de Longueville au purement que de les mener en liberté Je vous fais celle cy pour vous dire que Je désire que vous vous y emploiez vous asseurant que Je feray executer ponctuellement tout ce dont vous conviendres avec euLs au nom du Roy monsieur mon fils et du mien Je suis
Mon cousin

vostre bonne et affectionnée cousine
Anne

dont vous conviendrés avec eux au nom du Roy monsieur mon filz, et du mien.

» Je suis,

» Mon cousin,

» Vostre bonne et affectionnée cousine,

» ANNE. »

Comme les discordes civiles et les troubles augmentaient en France de toute part, le parlement renouvela ses sollicitations près de la reine, et les deux lettres suivantes, copiées sur les originaux, furent écrites à cette occasion.

« Monsr de Bar, je vous fais celle cy, pour vous dire que je desire que vous metiés en liberté mes cousins les princes de Condé, de Conty et duc de Longueville, aussy tost que le s^r de la Vrilliere vous metra les ordres du Roy monsieur mon filz, entre les mains. Mon frere, le duc d'Orléans, vous escrit sur le mesme sujet, ainsy que vous savés qu'il a esté areté entre nous. Dieu vous tiene, Monsr de Bar, en sa S^{te} garde.

» ANNE. »

» A Paris, ce février 1651.

» M. de Bar, M^{al} des camps et armées du Roy monsieur mon filz, commandant pour son service au Havre. »

dont vous conviendres avec eux au nom du Roy monsieur mon filz, et du mien.

» Je suis,

» Mon cousin,

» Vostre bonne et affectionnée cousine,

» ANNE. »

Comme les discordes civiles et les troubles augmentaient en France de toute part, le parlement renouvela ses sollicitations près de la reine, et les deux lettres suivantes, copiées sur les originaux, furent écrites à cette occasion.

« Monsʳ de Bar, je vous fais celle cy, pour vous dire que je desire que vous metiés en liberté mes cousins les princes de Condé, de Conty et duc de Longueville, aussy tost que le sʳ de la Vrilliere vous metra les ordres du Roy monsieur mon filz, entre les mains. Mon frere, le duc d'Orléans, vous escrit sur le mesme sujet, ainsy que vous savés qu'il a esté areté entre nous. Dieu vous tiene, Monsʳ de Bar, en sa Sᵗᵉ garde.

» ANNE. »

» A Paris, ce février 1651.

» M. de Bar, Mᵃˡ des camps et armées du Roy monsieur mon filz, commandant pour son service au Havre. »

« Monr de Bar, je vous fais celle-ci pour vous dire que je desire que vous mettiés en liberté mes cousins messieur les princes de Condé, de Conti et de Longueville, aussitost que le sr de la Vrillière, secrétaire d'estat, vous mettra les ordres du Roy, monseigneur et neveu, entre les mains. La reine vous escrit sur le mesme sujet, ainsi que vous savés qu'il a esté convenu; et sur ce, je vous assure que je suis,

» Monr de Bar,

» Vostre bien bon ami,

» GASTON.

» De Paris, ce 10 febvrier 1651. »

Avant que ces deux lettres ne fussent remises à M. de Bar, le cardinal Mazarin, qui était au Havre, reçut avis de cet ordre par un courrier que la reine lui envoya, et mit sur le dos de la lettre d'Anne à M. de Bar, la note qui suit :

« L'intention de la reyne est que monsr de Bar mette monsieur le prince, monsieur le prince de Conty et monsr le duc de Longueville en liberté tout présentement, ces messieurs m'ayant promis ce

Tome 1.º 195.

Mons.r de bar, je vous fais cette-ci pour vous dire que je
tiens que vous emettiés en liberté mes cousins Messieurs les
princes de Condé, de Conti et Ducs de Longueville, d'autre sorte que
le s.r de la ribière secrétaire d'estat, vous mettra les ordres du
roy, monseigneur et neveu, entre les mains. La reine vous escrit
sur le mesme sujet, ainsi que vous savés qu'il a esté ordonné,
et sur ce, je vous asseure que je suis,

Mons.r de bar.,

vostre bien bien amy
Gaston

que la reyne a souhaitté que je leur demandasse.

« Au Havre ce 13 febvrier 1651, le Card. MAZARINI. »

La liberté leur fut rendue sur-le-champ. M. le prince dîna le jour même avec le cardinal, qui tâcha de se justifier de sa conduite en lui faisant croire, pour regagner son amitié, que c'était à lui seul qu'il devait sa liberté; mais ayant appris que le parlement venait de rendre un arrêt contre lui et ses parens, il s'enfuit à Péronne, puis hors du royaume; et les princes revinrent à Paris, où ils furent reçus avec une acclamation générale d'allégresse. Ce fut à l'occasion de ces événemens que de Mirand, gentilhomme d'origine sicilienne, fit le quatrain suivant :

> « Unissez-vous, généreux princes,
> D'un indissoluble lien,
> Pour chasser cet italien
> Qui pille toutes nos provinces. »

Le temps prouva plus tard que Mazarin avait arrêté des torrens qui menaçaient la France; aussi la cour le rappela-t-elle.

Les deux lettres que j'ai découvertes par le plus grand des hasards, ne seront pas sans quelque intérêt, et pourront servir de matériaux pour une nouvelle histoire de ce fameux ministre (1).

PREMIÈRE LETTRE.

« Ce 21 janvier au soir.

« Me trouvant plus avancé de quatre jours que mon équipage, et ne voulant pas m'arrester pour l'attendre, je vous despêche ce courrier exprez affin que, sans perte de temps, vous m'envoyiez à Nemours, où je pourray estre samedy, un carrosse pour huit personnes, attelé de six bons chevaux, et un autre attelage de six chevaux sans carrosse, pour atteler au mien que j'ay fait embarquer, et de plus, neuf ou dix chevaux de selle pour les officiers de nos gardes et quelques autres qui me suivront. Par ce moyen, je fais estat d'aller coucher de Montargis à Fontainebleau; et comme je prétens le lendemain aller coucher à Vincennes, il faudra que vous fassiez aussi trouver à Corbeil deux relais à six chevaux, et neuf ou dix autres chevaux de selle de la même manière. Vous pourrez recourir pour cet

---

(1) Ces lettres ne portent point de suscription ; mais il est vraisemblable qu'elles sont adressées à Colbert.

effet à M^rs les surintendans qui vous assisteront de leurs attelages, et à d'autres de mes amis que vous jugerez à propos; et, pour les chevaux de selle, vous les louerez, ou enfin vous ferez du mieux que vous pourrez.

Il faudra mesme que vous donniez ordre que le Roy, me faisant l'honneur de venir disner à Vincennes deux ou trois jours après que j'y serai, il y ayt de quoi traiter Sa Maj^té. Il faut que je trouve quelque chose à manger à Vincennes, et pour la compagnie qui vient avec moy.

» Le Cardinal Mazarini. »

DEUXIÈME LETTRE.

« A Brials, ce 23 janvier 1659.

» Je m'asseure qu'en conformité de ce que je vous ai escrit de Nevers, vous n'aurez pas manqué de m'envoyer des relays à Nemours et à Corbeil. Je n'ai à présent qu'à vous confirmer que j'arriveray dimanche à Vincennes, où je ne veux trouver personne. Vous direz seulement à M^r le procureur-général, que je seray bien aise qu'il prenne la peine ce jour-là de se trouver à St.-Mandé, où je le ferai avertir de mon arrivée, parce que, s'il estoit à Vincennes, cela y pourroit attirer d'autres gens. C'est pour quoy il ne fera point semblant de rien sçavoir de ma venue, et il sera bon mesme de dire que je n'arriveray que mardy.

» Il faut faire courir le bruit que je ne seray à Vincennes que mardy, et dire de ma part à Marsac de n'ouvrir à personne dimanche. Cependant, il faut que vous façiez préparer une table pour douze ou quatorze personnes, laquelle servira pour le souper, sy nous n'arrivons assez de bonne heure pour disner. Il seroit bien que Marsac, avec ses gardes, vint au-devant de nous à Corbeil ou auprès. Je vous prie d'aller visiter de ma part M^r le prince de Conty et Mme la princesse, en leur disant que je seray dimanche à Vincennes, leur frère, M^r le prince de [*sic*] n'y venir pas ce jour-là.

» Le Cardinal MAZARINI.

» Ce 23 janvier. »

Ayant obtenu de M. le marquis de Puivert la faculté de parcourir l'intérieur du château de Vincennes, je monte d'abord dans le donjon qui est d'une hauteur prodigieuse, et dont le seul aspect inspire de l'effroi. Ici je vois les salles où furent enfermés les princes dont j'ai parlé : plus loin, les sombres voûtes sous lesquelles Mirabeau passa quatre années, et où il écrivit *ses Lettres à Sophie*. Comme ce personnage appartient à l'histoire, je me bornerai à citer une lettre absolument inédite, qui donnera une idée véritable de ses sentimens envers sa famille et sa sœur, qui fut sa bienfaitrice (1):

« De Vincennes, le 30 août 1780.

« Je m'abandonne à l'effusion de mon cœur, et je t'appellerai comme tu m'appelles. Ma tendre, mon aimable, ma digne sœur, ta lettre m'a touché jusqu'au fond du cœur; et, pour la première fois, depuis long-temps, j'ai versé de douces larmes. J'en croyois la source tarie en moi; les grandes douleurs n'en ont point; les remords, les chagrins n'en ont pas; et c'est une chose si salutaire qu'une émotion tendre !

---

(1) Cette lettre est adressée à la sœur aînée de Mirabeau, madame la marquise de Lastéyrié du Saillant, si indignement outragée dans les lettres souvent falsifiées, qui ont été publiées sous le titre de *Lettres originales* écrites du *Donjon de Vincennes*. Je la dois à l'amitié de M. Lucas de Montigny.

» Je m'attendois bien à un retour de ta part, mais non pas à un retour si entier.... Tu as raison, ma bonne sœur, il ne seroit pas digne de toi de revenir à moitié; je suis ton frère, ton frère repentant et malheureux..... mais je n'étois pas celui de ton mari (je veux et je dois l'être cependant). Et son procédé est si noble. Tiens, je te l'avoue, il m'a d'autant plus profondément touché, qu'il m'a prodigieusement surpris; non que je le crusse au-dessus de lui; mais je n'ai jamais senti mes torts envers lui aussi complètement qu'au moment où il les a oubliés.

» Ma sœur, ma chère sœur, jette-toi dans ses bras et dis-lui tout ce que tu dois deviner; ah! que je gagnerai à avoir un tel truchement! dis-lui surtout que si je ne lui écris pas, il me feroit une horrible injustice de penser que ce fût tout autre sentiment que celui de ce que je lui dois, et l'embarras de l'exprimer, après des circonstances si difficiles et si cruelles à rappeler. Je l'ai dit à l'ami bien cher et bien précieux qui m'a ramené aux pieds de ma famille (1) : « Le

---

(1) Feu Dupont (de Nemours), qui négocia la sortie de Mirabeau du donjon de Vincennes.

repentir me plaît; mais les excuses me peinent et m'embarrassent. Comment effacer la trace de mes torts en les retraçant sans cesse dans leur aveu? Je voudrois embrasser leurs genoux à tous, et que mes yeux seuls leur parlassent : ils seroient contens, persuadés, convaincus. »

» Je ne sais, mon amie, quel sera le succès de la négociation à laquelle tu as la générosité de concourir; mais je sais que je ne saurois avoir une médiatrice plus aimable, plus chère à mon père, plus selon son cœur; je sais surtout que ta lettre, ta démarche et le procédé de ton mari, vous donnent à tous deux sur moi des droits éternels, des droits plus sacrés que ceux de la nature même; et vous ne pouvez ni l'un ni l'autre me croire assez pervers pour craindre que je ne cesse de les respecter.

» Non, ma sœur, non : un homme de ton sang, un homme prévenu par tes bienfaits et formé par de si tristes expériences, ne démentira pas ta caution, si tu daignes la lui donner. Et moi, je serai tout fier, et surtout tout heureux d'avoir pour *garde* et pour *mentor*, ma sœur (aînée ne t'en déplaise), ma bonne sœur, qui, au milieu de tant de tempêtes, n'a désespéré ni de mon salut, ni de mon honneur, ni de mes résolutions, qui me donne tant de marques d'une tendre affection après que j'ai eu des torts amers envers elle, et qui dira quelque jour: *Je lui ai r'ouvert le cœur de notre père; je l'ai converti; je l'ai sauvé...... ne voilà-t-il pas un beau miracle, qu'il nous aime et qu'il soit sage?*

» Ma chère amie, mets le comble à tes procédés; donne-moi des nouvelles de mon père, de ce père à qui je n'ose écrire, et que je n'ai jamais tant aimé que depuis que je n'ai plus le droit de le lui dire : dis-moi l'effet que produisent mes lettres; censure-les, conseille-moi; enfin, prends la direction de mes affaires, puisque tu daignes traiter et servir en frère un infortuné qui s'honorera à jamais de te devoir, de te chérir et de te respecter.

» MIRABEAU fils. »

P. S. « Crois-tu donc que j'aie oublié ma tant jolie Bonnette (1) et mon petit hercule

---

(1) Feu madame la marquise d'Aragon, fille aînée de madame du Saillant.

de neveu (1), et tous mes enfans (dont je ne doute pas que tu n'ayes augmenté le nombre ; je m'en fie bien à toi pour cela), que tu ne m'en parles pas. Fais naître de bons cœurs qui te ressemblent, ma chère amie, l'espèce en sera toujours trop rare ; et tu seras plus heureuse que ton frère, sans doute parce que tu l'as mérité : tu élèveras ton fils (2). »

Après être descendu de cette forteresse imprenable, j'entre dans la Sainte-Chapelle qui se trouve en face, et qui fut fondée par François Ier et Henri II. Les vitraux, regardés comme les plus beaux de l'Europe, furent peints par Jean Cousin, sur les dessins de Raphaël Urbin, et la voûte par Carmoy. Malheureusement, pour les arts, la plupart de ces peintures ont été détruites, excepté sept vitraux, recueillis par M. le Noir, qui viennent d'être rendus à leur première destination.

Parmi plusieurs tombeaux que renfer-

---

(1) M. le comte du Saillant, fils de madame du Saillant.
(2) Il avait perdu, l'année précédente, le fils unique qu'il avait eu de madame de Mirabeau.

mait cette chapelle, on remarquait celui du cardinal Mazarin, mort en ce château, le 6 mars 1661 (1). Dans le nombre des épitaphes faites par des plaisans à cette époque, la suivante, qui faisait allusion à Richelieu et Mazarin, fut dans la bouche de tout le monde :

« CY GIST L'ÉMINENCE DEUXIÈME,
DIEU NOUS GARDE DE LA TROISIÈME. »

Si personne n'ignore que Louis XIV fit expédier à ce grand ministre, au moment de sa mort, un brevet par lequel il lui donnait tout ce qu'il avait acquis pendant son ministère, afin qu'il ne mourût point sans absolution, il n'est personne qui sache qu'il existe, dans un de nos établissemens littéraires, seize petits agenda, écrits en italien et en français, de la main de cette éminence, qui contiennent les principaux faits de sa vie. En attendant qu'ils soient pu-

---

(1) Ce cardinal, dans son testament, désigna pour le lieu de sa sépulture la chapelle du collége qu'il avait fondé. Cependant il pria Sa Majesté d'agréer que son corps fût mis en dépôt dans la Sainte-Chapelle de Vincennes. Il y resta pour le moins une trentaine d'années; car nous savons que la chapelle du collége Mazarin ne fut terminée que vers 1688.

bliés, le passage suivant, extrait des manuscrits de Fontanieu, apprendra combien Mazarin sut se concilier les suffrages d'une partie des puissances de l'Europe :

« C'est une anecdote sçue de très-peu de personnes, et qu'on ne trouve écrite nulle part, que le cardinal Mazarin, dans les derniers momens de sa vie, était sur le point d'estre élu pape. La France, l'Espagne et l'état de Florence lui avaient donné leurs voix; et son élection, par ce moyen, était sûre. M. de Croissi, qui pour lors était ambassadeur à Rome, l'a dit à plusieurs de ses amis, et particulièrement à M. le cardinal de Fleury, qui me l'a redit à moi-même. Il adjoutait que la raison que D. Louis de Haro (1) donnait du consentement de l'Espagne, était que le cardinal ayant été seul capable du projet et de l'exécution de la *jurix-universelle*, il était seul capable de la soutenir. »

Au moment où je me dispose à poursuivre

---

(1) On lit dans le testament autographe de Mazarin, que ce cardinal donna à don Louis de Haro *un tableau rare du Titien, représentant une Flore, à cause de l'amitié qu'ils avaient contractée au traité de paix.*

mon voyage, le gardien me conduit dans un entresol, décoré du buste du Roi et de celui d'un Bourbon, dernier rejeton des Condés, qui périt dans l'enceinte des murs de ce château (1). Un garde attristé m'ouvre une seconde porte. Une lampe sépulcrale m'annonce une chapelle ardente, j'entre :

> A mes yeux effrayés tout-à-coup vient s'offrir
> Le sombre monument, où repose la cendre
> D'un prince, dont la mort suffirait pour flétrir
> Les lauriers de César et le nom d'Alexandre.

Après avoir répandu quelques fleurs sur ce tombeau, je sors, et vois dans l'intérieur du fossé une pyramide portant pour toute inscription : Hic cecidit. De là, continuant ma route à travers la forêt pour me rendre à Saint-Mandé,

> Je cherche vainement ce chêne tutélaire,
> Où, défenseur du peuple et fléau des tyrans,
> Autrefois Saint Louis protégea la chaumière
>   Contre les insultes des grands.

> Pourquoi ne voit-on pas un monument durable,
> Erigé par les mains des heureux qu'il a faits,
> Retracer à nos yeux l'image et les bienfaits
>   De ce monarque vénérable?

---

(1) Le 21 mars 1804.

En des jours de malheur là seraient accourus,
Suivant de leurs aïeux les antiques usages,
Les femmes, les vieillards désertant leurs villages
    Pour rendre hommage à ses vertus :

Et, grâce au monument où sa clémence auguste
Des peuples opprimés ressuscitait les droits,
Les Rois auraient appris que le Roi le plus juste
    Est le plus grand de tous les Rois (1).

Saint-Mandé, petit village qui tient aux murs du parc de Vincennes, était une annexe de la paroisse Charenton Saint-Maurice.

Il n'est pas douteux que ce lieu ne soit fort ancien, puisque des religieux bas-bretons, profitant sans doute du séjour de leurs compatriotes dans ce pays, y portèrent, dans le neuvième siècle, des reliques de ce Saint, fils d'un roi d'Irlande et de la reine Gietuse, et que plus tard une petite chapelle y fut érigée en son honneur (2).

Contre les murs de l'église est adossée la tombe de M. Piot, ancien desservant, dont l'épitaphe se termine ainsi :

---

(1) On voyait encore le chêne au temps de François Ier.
(2) Cette probabilité peut s'expliquer en lisant l'article *Charenton*, où il est mention de la destruction du pont, fait qui se rattache à la même époque.

« . . . .
TROUPEAU CHÉRI !
S'IL N'EST PLUS VOTRE PASTEUR
SUR LA TERRE,
IL EST VOTRE PROTECTEUR
DANS LE CIEL. »

Ce village fut autrefois plus considérable qu'il ne l'est aujourd'hui, attendu que les maisons, éparses de côté et d'autre, s'étendaient dans le parc de Vincennes; mais comme ce parc a été agrandi par plusieurs de nos Rois, Saint-Mandé s'est trouvé insensiblement rétréci, au point qu'il ne forme plus maintenant qu'une rue.

La plupart des maisons, sur lesquelles on remarque en général des paratonnerres, sont bâties avec goût. Le surintendant Foucquet y en avait une fort belle, dont on a fait un hospice. La lettre qui suit, écrite du temps de sa disgrâce, à son épouse, prouvera que, s'il est vrai que du haut du ciel on aperçoive ce qui se passe sur la terre, le surintendant a dû être comblé de joie, en voyant une partie de ses intentions remplies :

« Ce 23 janvier 1662.

« Le Roy m'a permis de vous escrire ce mot pour vous adresser ce diamant, que ie

ce 23 Janvier 1662.

Le Roy ma permis de vous escrire ce mot pour
vous addresser ce diamant que ie vous supplie de
faire vendre et du prix en provenant en donner
un tiers au grand hospital a les autres deux tiers
en autres œuvres pies telles que vous iugerez meilleurs
soit a des pauvres honteux, soit a delivrer des prisoniers
ou autres employs semblables. Le prix doibt estre au
moins de quinze mille francs, neantmoins apres lavoir
fait veoir a plusieurs orfevres et autres personnes qui
y cognoissent, vous en tirerez ce que vous pourrez
mais il vaut davantage. Je vous prie de donner
un receu a Mr. d'Artagnan dud. diamant come il
la remis entre les mains pour estre employé en aumosnes
afin que vous nen soyez pas chargée
Je fais estat de prendre demain du chinchina et en suite
estre quitte de ma fievre quarte dont il ne me reste plus
gueres ie vous supplie de prier dieu quil me donne ce qui
mest necessaire et ce le comme de vous conserver.
                    fouquet

vous supplie de faire vendre, et du prix en provenant, en doner un tiers au grand hospital, et les autres deux tiers en autres œuvres pies telles que vous iugerez meilleures, soit à des pauvres honteux, soit à délivrer des prisoniés, ou autres employs semblables. Le prix doibt estre au moins de quinze mille francs; néantmoins, après l'avoir fait veoir à plusieurs orfebvres et autres persones qui s'y cognoissent, vous en tirerez ce que vous pourez; mais il vaut dadvantage. Je vous prie de doner un reçeu à Mʳ d'Artaignan duds diamant come il vous l'a remis entre les mains pour estre employé en aulmosnes, afin que vous n'en soyez pas chargée.

» Je fais estat de prendre demain du chinchin, et ensuite estre quitte de ma fièvre quarte dont il ne me reste plus guères. Je vous supplie de prier Dieu qu'il me done ce qui m'est nécessaire, et ie le coniure de vous conserver.

» FOUCQUET. »

Une lettre du frère de Foucquet à Colbert ne sera pas sans quelque intérêt pour l'histoire du surintendant. La voici :

« A Vermanton, ce 2 oct. 1661.

« Monsieur,

» Je me suis rendu ici come Sa Maiesté me l'a comandé, où l'on m'a escrit de Paris que i'envoiasse une procuration pour recevoir l'argent que i'avois doné pour Son Eminence, come c'est un bien duquel ie n'aurois rien touché sans le soin qu'il vous a pleu de vous en donner, trouvés bon, ie vous supplie, que ie vous en rende grace très-humble, et que de mesme temps ie vous coniure, Monsieur, de vous souvenir que ie n'ai point de part à toutes les choses qui ont depleu à Sa Maiesté dans la conduite de mon frère. Assurément i'aurois un sensible déplaisir qu'il courust risque de sa vie; mais si vous voulés, Monsieur, proposer à Sa Maiesté qu'il trouve bon que ie vous done par escrit que ie ne ferai nulle démarche qui le puisse reguarder, dont ie n'aie demandé la permission, ie m'engage d'honneur de le tenir. Ie serois très-aise de vous avoir l'obligation de me tirer d'ici, qui m'engageroit à estre encore davantage,

» Monsieur,
» Vostre très-humble et très-obéiss. serviteur,
» L'Abbé Foucquet. »

Par des lettres de différens membres de la famille d'Estrées, datées de Saint-Mandé, on voit qu'elle a habité ce village.

Mais comme la plupart de celles qui me sont tombées entre les mains ne se rattachent qu'à des intérêts particuliers, je me bornerai à en donner une inédite du duc à Colbert, et relative à la statue de Louis XIV, qui décore aujourd'hui la principale salle de notre Académie de France à Rome, et qui a pour pendant celle de Louis XVIII, exécutée dernièrement par le jeune Cortot:

« Monsieur,

» J'ai donné moy-mesmes au cavalier Bernin, en allant voir la statue du roy, ce que vous m'aviés envoyé pour luy et pour son fils, dont il a esté extrêmement content, et adiousté à de grands remercimens qu'il m'a faits pour Sa Maiesté, et pour vous, Monsieur, qu'il se sentoit doublement obligé, et de ce qu'il avoit pleu à Sa M^{té} de luy donner, et de la manière, dont cela s'estoit fait. S. M. en ayant bien voulu charger son ambassadeur, les personnes qui s'y cognoissent, treuvent que la statue du roy et le cheval sur lequel elle est, sont parfaittement bien, cela me paroist aussy. Le cavalier Bernin est fort assidu, et appliqué à son travail, et y employe le plus souvent sept et huit heures du iour. Il ne croit pas la pouvoir achever avant dix-huit mois.

» Je suis,
» Monsieur,
» Vostre très-humble et très-obéissant serviteur,
» Le Duc d'Estrées.

» A Rome, ce 10 mai 1672. »

Après être rentré dans le parc de Vincennes, qui a environ quatorze cent soixante-dix arpens d'étendue, on trouve au centre un obélisque surmonté d'un globe et d'une aiguille dorée, avec deux écussons où sont des inscriptions presqu'effacées, qui constataient l'époque de la nouvelle plantation du bois.

A peine sorti du parc, j'entre dans le bourg de Saint-Maur-les-Fossés, dont l'origine est si ancienne, qu'elle se perd, pour ainsi dire, dans la nuit des temps.

Les historiens prétendent que les Romains y établirent un camp sous Jules-César, et qu'ils y laissèrent un grand nombre de soldats pour contenir les Parisiens : que dans la suite, ces soldats se réunirent aux habitans du pays, qui, sous la conduite d'Amandus et d'Ælianus, ravagèrent les Gaules, sous le règne de Dioclétien, et qu'on leur donna le nom de Bagaudes, qui, en langue celtique, signifie larron, brigand (1). En effet, le plus ancien couvent dont il soit fait mention, portait, suivant les chartres, le nom de *Castrum Bagaudarum*, qui tirait sans doute son origine des Bagaudes dont je viens de parler.

Tout ceci paraît assez probable, excepté l'assertion relative à Jules-César, dont il n'est point question dans ses commentaires.

Plus tard, sur les débris du château des Bagaudes, un monastère fut fondé par Blidegisilde, archidiacre de Paris, sous la reine Nanthilde, mère de Clovis II; et ce ne fut que vers l'an 868, époque où les reliques de Saint-Maur furent portées dans ce monastère par l'ordre de Charles-le-Chauve, qu'on donna à cet endroit le nom de ce Saint. On y établit un lieu d'études d'où sortirent plusieurs des bons écrivains qui ont

---

(1) Voyez *la Chronique de Prosper*, et *Salvien*, livre V.

illustré la congrégation de Saint-Maur. Dans la suite, ce monastère fut converti en un chapitre collégial, composé d'un doyen, d'un chantre et de huit chanoines, dont faisait partie François Rabelais,

> Original, qui plaisanta
> D'un ton si gai l'espèce humaine,
> Et le premier chez nous planta
> Et le persil et la romaine (1).

Avant la révolution, on voyait encore les ruines de cette antique abbaye; mais aujourd'hui, il n'en reste plus aucun vestige.

Le château, qui existait sur la Marne, dans une des plus belles situations qu'on puisse imaginer, et qu'on voyait entouré de bocages pittoresques, fut bâti pour le cardinal du Bellay, évêque de Paris, et les premiers fondemens en furent jetés par Philibert de Lorme. Marie de Médicis, qui y faisait de fréquens séjours, le fit continuer et embellir.

---

(1) Il est assez curieux que nous appelions en France *laitue romaine*, ce que les Italiens appellent *lattuga francese* (laitue française).

On prétend que ce fut à Saint-Maur que Rabelais composa son *Pantagruel*.

Mon cousin Je vous ay voulu
faire ce mot par l'occasion de ce porteur pour vous donner de mes nouvelles,
vous assurer de la bonne santé, como
du Roy monsieur mon fils et de la
mère, et vous prier de nous
faire part des vostres et de ce qui
se passe de dela, prenant tousiours
soing des affaires et l'œil de
mon fils. Vous aurez une autre
despesche de moy par autre voye,
cependant prenez tousiours asseu-
rance de l'entière affection que nous
portons
                           V're bonne cousine

Quoique rien n'indique de quel lieu a été écrite la lettre suivante de cette princesse au duc d'Espernon, je crois néanmoins devoir la placer ici :

« Mon cousin, je vous ay voulu faire ce mot, par l'occasion de ce porteur, pour vous doner de mes nouvelles, vous assurer della bona disposition du Roy monsieur mon filz et della miene, et vous prier de nous faire part des vostres, et de ce qui se passe de delà, prenant tousiours soing des affaires et service de mon d' filz, vous aurés une autre dépesche de moy par autre voye, cependant prenés tousiours assurance dellentière affettion que vous porte,
» Vre bonne cousine,
» MARIE.

« A mon cousin le duc d'Espernon, pair et collonel g{ral} de l'infanterie de France. »

Gittard rebâtit ce château presqu'en entier, cent ans après, et les jardins furent plantés par Desgots, sur les dessins ingénieux du célèbre le Nôtre. Ce ne fut que vers le commencement du 17e siècle que la princesse de Condé en fit l'acquisition. Il passa à son fils ; et, depuis cette époque, les

Quoique rien n'indique de quel lieu a été écrite la lettre suivante de cette princesse au duc d'Espernon, je crois néanmoins devoir la placer ici :

« Mon cousin, je vous ay voulu faire ce mot, par l'occasion de ce porteur, pour vous doner de mes nouvelles, vous assurer della bona disposition du Roy monsieur mon filz et della miene, et vous prier de nous faire part des vostres, et de ce qui se passe de delà, prenant tousiours soing des affaires et service de mon d' filz, vous aurés une autre dépesche de moy par autre voye, cependant prenés tousiours assurance dellentière affection que vous porte,

» V^{re} bonne cousine,

» MARIE.

« A mon cousin le duc d'Espernon, pair et collonel g^{ral} de l'infanterie de France. »

Gittard rebâtit ce château presqu'en entier, cent ans après, et les jardins furent plantés par Desgots, sur les dessins ingénieux du célèbre le Nôtre. Ce ne fut que vers le commencement du 17e siècle que la princesse de Condé en fit l'acquisition. Il passa à son fils; et, depuis cette époque, les princes de cette maison continuèrent de le posséder (1).

Une pauvre blanchisseuse, accablée sous le poids des années, et qui demeure non loin de là, m'apprend que M. Barré est devenu propriétaire de tout le domaine, à l'exception du grand parc, qui, n'ayant point été mis en vente, a été rendu à Monseigneur le duc de Bourbon, prince de Condé. J'y vois quelquefois, me dit-elle, ce bon prince; il me connaît depuis cinquante ans. Le duc d'Enghien, son malheureux fils, qui fut élevé dans cette maison jusqu'à quinze ans, ne passait jamais devant ma porte sans ouvrir sa bourse qu'il partageait entre les pauvres de son domaine.

Les sanglots étouffèrent la voix de cette bonne femme, dont les années n'avaient pas éteint la sensibilité, quand elle m'apprit qu'elle avait obtenu la permission de déposer, tous les ans, une couronne de fleurs sur le tombeau érigé à ce prince, dans la chapelle ardente de Vincennes dont j'ai déjà parlé.

───────────────

(1) Il a été détruit dans la révolution, à l'exception de la porte principale, qui a l'air d'un arc de triomphe.

Ce mardy au soir

Vous ne songés non plus a moy
qu'aux gens de l'autre monde
et je songe plus a vous qu'a tous
ceux de celuy cy il m'ennuye
cruellement de ne vous point
voir j'ay esté tres quinze jours
a la campagne c'est ce quy m'a
empeschée d'aller un peu vous
empescher de m'oublier si vous
voulies demain de moy venis
disner avec vous a condition
qu'il ny aura ny poulet ny
pigeon des tendemain si vous
aués affaire demain donnes
m'y un autre jour

En lisant madame de Sévigné, on voit que madame de la Fayette venait souvent à St.-Maur, à l'époque où le prince de Condé avait abandonné cette capitainerie à Gourville. Les lettres suivantes adressées à madame la marquise de Sablé (1), ne seront point lues sans intérêt.

PREMIÈRE LETTRE.

« Ce mardy au soir.

» Vous ne songés non plus à moy qu'aux gens de l'autre monde et ie songe plus à vous qu'à tous ceux de celui-cy. Il m'ennuye cruellement de ne vous point voir, j'ay esté quinse jours à la campagne, c'est ce qui m'a empeschée d'aller un peu vous empescher

---

(1) Madame la marquise de Sablé étant veuve, se retira à Port-Royal. Dans la persuasion que les maux se communiquaient, elle faisait donner des manteaux et autres vêtemens, aux personnes qui venaient chez elle, dans la crainte qu'elles n'y portassent du mauvais air.

L'aversion de cette dame pour le grand feu, engageait M. Esprit, très-frileux, à porter du papier dans ses poches quand il lui rendait visite, pour rallumer le feu de temps en temps.

Madame la marquise de Sablé fut inhumée, selon ses dernières volontés, dans le cimetière de Saint-Jacques du Haut-Pas, sa paroisse.

de m'oublier si vous vouliez demain de moy, i'yrois disner avec vous, à condition qu'il n'y aura ny poulet, ny pigeon d'extrodinaire. Si vous avez affaire demain, donnés-moi un autre jour. »

DEUXIÈME LETTRE.

« Ce jeudy au soir.

» Voilà un billet que ie vous suplie de vouloir lire, il vous instruira de ce que l'on demande de vous. Ie n'ay rien à y adjouster, sinon que l'homme qu'il l'escrit, est un des hommes du monde que j'ayme autant, et qu'ainsi c'est une des plus grandes obligations que ie vous puisse avoir, que de luy accorder ce qu'il souhaitte pour son amy. Ie viens d'arriver de Fresne, où j'ay esté deux jours en solitude, avec madame du Plessis; en ces deux jours-là, nous avons parlé de vous deux ou trois mille fois; il est inutile de vous dire comment nous en avons parlé, vous le devinés aisément. Nous y avons leu les Maximes de M. de la Rochefoucaut : ha madame ! Quelle corruption il faut avoir dans l'esprit et dans le cœur, pour estre capable d'imaginer tout cela ! I'en suis si espouvantée, que ie vous asseure que si les plaisanteries estoient des choses sérieuses, de telles maximes gasteroient plus ses affaires que touts les potages qu'il mangea l'autre jour chez vous. »

TROISIÈME LETTRE.

« Vous me donneriés le plus grand chagrin du monde, si vous ne me montriés pas vos Maximes (1). M⁰ du Plessis m'a donné une curiosité estrange de les voir; et c'est justement parce qu'elles sont honnestes et raisonnables que i'en ay envie, et qu'elles me persuaderont que toutes les personnes de bon sens ne sont pas si persuadées de la corruption, que l'est Mr de la Rochefoucaut. Ie vous rends mille et mille grâces de ce que vous avés fait p^r ce gentilhomme, ie vous en irai encore remercier moy-mesme, et ie me serviray toujours avec plaisir des prétextes que ie trouveray p^r avoir l'honneur de vous voir; et si vous trouviés au-

---

(1) *Maximes et Pensées chrétiennes*. A Paris, *Cramoisy*, 1678. On a réformé ce titre par un carton, et l'on a mis: *Maximes de madame la marquise de Sablé et Pensées diverses de M. L. D.*

tant de plaisir avec moy que j'en trouve avec vous, ie troublerois souvent vostre solitude. »

QUATRIÈME LETTRE.

« Il y a une éternité que ie ne vous ai veue, et si vous croyés, Madame, qu'il ne m'en ennuye point, vous me faittes une grande injustice. Ie suis résolue à avoir l'honneur de vous voir quand vous seriés ensevelie dans le plus noir de vos chagrins; ie vous donne le choix de lundy ou de mardy, et de ces deux jours-là, ie vous laisse à choisir l'heure, despuis huit du matin, jusques à sept du soir. Si vous me refusés après toutes ces offres-là, vous vous souviendrés au moins que ce sera par une volonté très-déterminée que vous n'aurés voulu me voir, et que ce ne sera pas ma faute.

» Ce dimanche au soir. »

CINQUIÈME LETTRE.

« Ce mardy au soir. »

« De peur qu'il n'arive quelque changement à la bonne humeur ou vous estes, i'envoye vistement sçavoir si vous me voulés voir demain, i'yray chés vous incontinent, après disné, car ie vous cherche seule; et si vous envisagés des vissittes, remettés-moy à un autre jour : il est vrai qu'il faut que vous ayés de grands charmes ou que ie ne sois guère sujette à m'offenser, puisque ie vous cherche après tout ce que vous m'avés fait. »

SIXIÈME LETTRE.

« Ce mardy.

» Vous devés me haïr, de ne vous avoir pas escrit, dès hier au matin, que Madame m'a commandé expressement de vous faire des compliments de sa part, et de vous dire que si elle ne fust point sortie si tard des Carmélites, elle auroit esté vous faire une vissitte. Ie lui dis tout ce que vous m'aviés ordonné. Madame de Saint-Loup ne luy avoit point parlé de vostre grande lettre ny de vostre billet; voilà, ce me semble, ce que vous m'aviés ordonné de sçavoir. Si vous me commandiés autre chose, vous verriés avec quelle exactitude ie vous obéirois. »

SEPTIÈME LETTRE.

« Ie ne voulois rien que vous voir, Madame; mais ie me plains bien que vous ne me regardiés que comme une personne qu'il ne faut voir que dans la joye, et quy n'est pas capable d'entrer dans les sentiments que donne la perte d'une amie; il s'en faut peu que ie ne sois offencée contre vous, et ie croys que ie le serois si ie ne sçavois qu'en l'estat où vous estes, il faut plustot vous plaindre que se plaindre de vous; ie vous asseure que ie vous plains aussi autant que vous le devés estre, et que ie comprends à quel point la perte de madame la comtesse de Mauré vous est douloureuse. Si vous revoyés cette personne, ayés la bonté de la faire souvenir de parler à l'autre; il ne me paroist pas qu'on luy ait encore rien dit. »

HUITIÈME LETTRE.

« Ce lundy au soir.

« Ie ne pus hier respondre à vostre billet, parce que j'avois du monde, et ie croys que ie n'y respondray pas aujourduy, parce que ie le trouve trop obligeant. Ie suis honteuse des louanges que vous me donnés, et, d'un autre costé, j'ayme que vous ayés bonne opinion de moy, et ie ne veux vous rien dire de contraire à ce que vous en pensés. Ainsi, ie ne vous respondray qu'en vous disant que M. le comte de Saint-Paul sort de céans, et que nous avons parlé de vous une heure durant; comme vous sçavez que i'en sçay parler. Nous avons aussi parlé d'un homme que ie prends toujours la liberté de mettre en comparaison avec vous pour l'agrément de l'esprit. Je ne sçay si la comparaison vous offense; mais quand elle vous offenseroit dans la bouche d'une autre, elle est une grande louange dans la mienne, si tout ce qu'on dit est vray. I'ay bien veu que M. le comte de St Paul avoit ouy parler de ces dits-là, et i'y suis un peu entrée avec luy; mais i'ay peur qu'il n'ait pris tout sérieusement ce que je luy en ay dit. Ie vous coniure, la première fois que vous le verrés, de lui parler de vous-mesme de ces bruits-là. Cela viendra aisément à propos, car je lui ay donné les Maximes, il vous le dira sans doute; mais, ie vous prie de lui en parler bien comme il faut, pour le mettre dans la teste que ce n'est autre chose qu'une plaisanterie. Ie ne suis pas assez asseurée de ce que vous en pensés, pour respondre que vous dirés bien, et ie pense qu'il faudroit commencer par persuader l'ambassadeur. Néanmoins, il faut s'en fier à vostre habileté; elle est au-dessus des maximes ordinaires; mais enfin, persuadés-le; ie hays, comme la mort que les gens de son âge puissent croire que i'ay des galanteries. Il me semble qu'on leur paroist cent ans dès que l'on est plus vielle qu'eux, et ils sont touts propres à s'estonner qu'il soit encore question des gens; et de plus, il croiroit plus aisément ce qu'on luy diroit de M. de la R. F. que d'un autre. Enfin, ie ne veux pas qu'il en pense rien, sinon qu'il est de mes amis, et ie vous suplie de n'oublier non plus de luy oster cela de la teste, si tant est qui le l'ait, que i'ay oublié vostre message. Cela n'est pas généreux de vous faire souvenir d'un service en vous en demandant un autre.

» Ie ne veux pas oublier de vous dire que i'ay trouvé terriblement de l'esprit au comte de Saint-Paul. »

En sortant de Saint-Maur, je me dirige par le chemin de traverse vers Charenton. Un objet vraiment digne d'attention, que je rencontre sur mes pas, c'est le canal de St.-Maur, qui doit ouvrir à la navigation une route plus facile et plus abrégée. Maintenant les bateaux sont obligés de parcourir sur la Marne un développement de six à sept lieues, embarrassé de mille obstacles. Le canal leur offrira une voie nouvelle, qui n'aura pas douze cents mètres de longueur, et qui sera dégagée de toute entrave. Quelque jour, sans doute, on profitera de la chute des eaux pour faire mouvoir des établissemens industriels, qui recevront du voisinage de la capitale une grande activité. Si cette idée se réalise, Saint-Maur, qui n'est aujourd'hui qu'un bourg, pourra devenir une ville assez importante.

Le village de Charenton, nom de plusieurs lieux de France, mais dont le plus connu et le plus considérable est celui des environs de Paris, se divise en deux communes : Charenton-Saint-Maurice, ainsi désigné, parce qu'il est dédié au saint martyr, chef de la légion thébaine, dont quelques armées, qui y ont séjourné, ont pu avoir l'image sur leurs enseignes; puis, Charenton-le-Pont.

Quoiqu'on ne connaisse ni l'origine, ni l'étymologie de ce nom, on ne peut disconvenir de son ancienneté, puisque nous savons qu'en 865, les Normands détruisirent le pont, qui, de tout temps, a été regardé comme un poste important à occuper dans les guerres qui peuvent s'étendre jusqu'auprès de Paris. Aussi en est-il souvent fait mention dans notre histoire. Sous Henri IV, il existait encore une tour qui le fortifiait; mais ce prince la détruisit à coups de canon, ainsi que le pont, comme il le dit lui-même dans une lettre datée de *Chelles* (1). Il est assez probable que ce pont, appelé *Pons Carantonis*, dans les chartes, a donné son nom au village (2).

C'est dans ce lieu, qu'avant la révocation de l'édit de Nantes, les Calvinistes avaient leur principal temple, qui pouvait contenir quinze mille personnes, élevé sur les dessins de Jacques de Brosse; mais, en 1685,

---

(1) Cette lettre se trouve manuscrite à la Bibliothèque de S. A. R. Monsieur.

(2) Voyez les *Annales de Saint-Bertin.*

il fut détruit de fond en comble dans cinq jours. Seize ans après, on éleva sur ses ruines un couvent de religieuses qui pratiquaient une adoration perpétuelle du Saint-Sacrement, à l'endroit même où l'on avait prêché un dogme contraire. Ce couvent n'existe plus, et a été vendu en divers lots, dont un vient d'être cédé à la maison fondée par Sébastien le Blanc, qui faisait partie des institutions dont les frères de la Charité eurent primitivement la direction, et qui recevait les malades indigens du pays. Plus tard, ces mêmes religieux y formèrent une pension pour les personnes aliénées qui y étaient envoyées par la Cour ou par leur famille.

Ce vaste bâtiment, assis sur le penchant d'un coteau situé presqu'au milieu des champs, et au bas duquel coule la Marne, est destiné aujourd'hui aux traitemens des maladies mentales. On y jouit d'un air pur et salubre; et l'immense jardin qui couronne la colline, offre une promenade tranquille et silencieuse aux cinq cents pensionnaires de cet établissement.

La première maison que l'on rencontre sur la gauche, en arrivant de Paris à Charenton, fut un ancien château habité par

Gabrielle d'Estrées. Le billet suivant, inédit, de Henri IV, prouvera que ce prince, toujours galant, venait l'y voir souvent (1).

«Comme ma lettre estoyt fermée ca qu'elle ma dyt que vous estyez passée pour aller a Charenton. Sy je me porte tant soyt peu bien je ne pranderé poynt medecyne demayn pour vous voyr.

» Je vous donne ancores un mylyon de besers.

H. »

Une autre maison, non moins célèbre par les souvenirs qui s'y attachent, est connue sous le nom de *Séjour du Roi*, qui appartint à la couronne, et puis à Dionis-du-Séjour.

> Ce fut dans cette solitude
> Que son génie audacieux
> Sonda, libre d'inquiétude,
> Les vastes mystères des Cieux.

Et c'est-là que son œil, armé d'une lunette,
Poursuivant ces grands corps, dociles à sa voix,
Prédisait tour-à-tour l'éclipse ou la comète,
Qui toutes s'empressaient d'obéir à ses loix.

---

(1) Cette maison appartient à S. A. S. madame la duchesse douairière d'Orléans.

Heureux qui, comme lui, terminant sa carrière,
Après avoir tant fait pour la postérité,
Est sûr de contempler, à son heure dernière,
Une double immortalité.

Sortant de Charenton pour aller à Brevannes, je laisse sur la droite le hameau d'Alfort, dont l'école vétérinaire, fondée en 1764, est si renommée. Les élèves y donnent, les jours de fête, un bal où tout le monde est reçu; et les musiciens, placés sur un trône de gazon, ne sont pas les plus pauvres des environs de Paris.

Trois-quarts de lieue plus loin, je trouve Creteil, village traversé par la grande route de Troyes, et offrant de fort jolies maisons, parmi lesquelles on remarque celle de feu le maréchal Serrurier, ancien gouverneur des Invalides, habitée par sa veuve.

Si, d'après la tour de l'église, placée sur le milieu du portail, on jugeait de l'ancienneté du lieu, on pourrait croire qu'il n'est connu que depuis le 11e siècle, quoique le chœur ne paraisse appartenir qu'au 12e. Mais des titres nous apprennent que la terre de Creteil fut donnée par Ercombaldus, préfet dans les Gaules, à l'église de Paris, en 666. Ce lieu est donc si ancien, qu'il est très-difficile de trouver l'origine de son nom. Toutefois, si le père Giry marque dans son martyrologe que saint Ion y fut martyrisé, quoique ce fût à Chartres, on doit ajouter plutôt foi à celui du moine Usuard, où il est rapporté qu'un grand nombre de chrétiens furent assommés à coups de massues dans ce lieu (1). C'est de là, peut-être, que lui est venu le nom de Creteil, qu'on trouve dans la plupart des chartres, sous la dénomination de *Cristoïlum*, *Cristolium*.

Mais, un point des plus curieux
Et qu'on aurait bien peine à croire,
Si l'architecture en ces lieux
N'en eût éternisé l'histoire,
C'est qu'un Roi, privé de raison,
Exprès pour une jeune fille
Qui, dit-on, était fort gentille,
Y fit bâtir une maison (2).
Et la chronique scandaleuse
Dit qu'Isabelle nuitamment,
Loin de se croire malheureuse,
S'en consolait près d'un amant
Qui, joignant au grand art de plaire
Un stratagème peu loyal,
Sut escamoter à son frère
La Reine et le pouvoir royal.

---

(1) Usuard nomme principalement Agoad, Glibert, Félix.
(2) Elle est détruite.

Du reste, la pièce authentique suivante, que je ne crois citée entièrement nulle part, prouvera que le Roi fit d'autres dons à cette belle (1).

« EX HISTORIA VITÆ CAROLI VI M. S.

CAP. ULTIMO.

« Quia tamen occasione suæ infirmitatis (scilicet regis) dubitabatur non modicum, ne in personam reginæ aliquid sinistrum committeret, secum dormire non sinebatur, sed sibi data fuit in concubinam quædam delectabilis et placens juvenis, filia cujusdam mercatoris equorum, de consensu tamen reginæ : quod valde videbatur absonum. Sed considerans mala, quæ sibi imminebant propter verberationes et oppressiones quas secum pertulerat, et etiam quod duobus malis propositis minus est eligendum, illud tolerabat. Quæ quidem filia competenter fuit remunerata, quia sibi fuerunt data duo maneria pulcra cum suis omnibus pertinentiis, situata unum a Creteil, et aliud a Bagnolet. Et ipsa vulgariter vocabatur palam

---

(1) *Odette de Champdivers.*

et publice, parva regina: et secum diu stetit, suscepitque ab eo unam filiam quam ipse rex matrimonialiter copulavit cuidam nuncupato Harpedenne, cui dedit dominium de Belleville in Pictavia : filiaque vocabatur domicella de Belleville. »

» Cette histoire manuscrite appartient à M. le procureur-général Molé (1). »

Comme il n'existe point d'histoire particulière de la reine Isabelle de Bavière, que les biographes nous dépeignent couverte d'infamie, et généralement détestée des Français dans ses dernières années, et qu'ils rapportent en outre que pour épargner les frais de ses funérailles, on l'envoya à Saint-Denis dans un misérable bateau où se trouvaient seulement son confesseur, Jean Chiffart, son exécuteur testamentaire, et deux bateliers; je crois devoir présenter ici son testament fait quatre ans avant sa mort, à l'hôtel Saint-Paul, rue Saint-Antoine, où elle est décédée le 30 septembre :

---

(1) Bibliothèque du Roi, tome 488.

« Au nom de la très-saincte et glorieuse Trinité, le Père, le Filz et le Sainct-Esprit. Amen.

« 2 septem. 1431.

» Nous, Isabeth de Baviere, par la grace de Dieu, Royne de France; sçavoir faisons et certiffions à tous présens et advenir, qui les lettres verront, que nous considérans les grands et divers perils de ce siecle, tant de la mort de laquelle n'est rien plus certain ni plus incertain, que l'heure d'icelle, comme griefves malladies et autres anpeschemens qui moult souvent et aucunes fois soudainement adviennent à plusieurs personnes en cette mortelle vie, et pour ce, desirans, tandis que la mercy de nostre Créateur sommes saine de corps et de pensées, et que raison gouverne nostre entendement, pour veoir au salut de nostre ame, et ordonner ce qu'il appartient, et non voulans de ce siecle trespasser intestate, faisons et ordonnons nostre testament, ordonnance de derniere volonté en la forme et maniere que cy appres ensuict, en rappelant premierement tout œuvre et revocquans tous autres testamens codicilles et ordonnances de dernière volonté par nous faicte au temps passé et quelque manière que ce soit, excepté toutesfois que se aucuns des poincts, clauses et articles contenues en nos dicts testamens par nous autrefois faicts, ont esté faicts ou accomplis, et payées ou commencées faire payer ou accomplir, nous voulons et nous plaist qu'ils demeurent en l'estat qu'ils sont de présent, et que ce qui en a esté faict, paiée ou accomply, demeure en l'estat qu'il est, sans ce que par nostre présente révocation nous ne nos exécuteurs en puissions rien retraire, ne demander, ne aussy et tenus que nous soyons aucunement tenue d'aucune chose en payer, mettre a fin ou accomplir.

» Premierement nous creans, recongnoissans et confessans la vérité de la saincte foy catholique, ainsy que nostre mere saincte église la tient et enseigne, et que tous bons chrestiens la doivent croire et tenir recommandons très humblement l'ame de nous à nostre créateur Dieu tout puissant, et à la glorieuse vierge Marie, à Monseigneur St.-Michel, ange, archange, et à toute la benoiste compagnie des saincts et sainctes de Paradis, afin que quand elle departira de nostre corps, et de cette nostre mortelle vie, nostre Seigneur Jésus Christ, qui, de son précieux sang, l'a racheptée, la vueille, par sa très grande grace et miséricorde, recevoir à sa bien heureuse compagnie et perdurable gloire. Amen.

» Et pour ce que nous voulons et est tousiours nostre intention vivre, et quand il plaira à Dieu mourir comme vraye chrestienne et en la foy de nostre très saincte Eglise, nous requerons des maintenant pour lors que les saincts sacremens de nostre mère saincte Eglise, à nous convenables, nous soient administrez et baillez chacun en son lieu et en temps, si comme en saincte église sont ordonnez; se par force de malladie ou autre accident advenoist que nous ne les peussions requerir, ne demander comme il appartient.

» Et semblablement requerons que nostre indulgence et remission de peine et de coulpe nous soit levé et admonnesteé en la faveur et maniere accoustumée.

» *Item.* Nous elisons la sepulture de nostre corps au lieu le plus prochain de celuy de feu mon très redoubté seigneur le Roy, auquel Dieu fasse vray pardon, en l'église monseigneur St.-Denis en France, et voulons et ordonnons que après nostre deceds, le plustost que faire se pourra, bonnement soit nostre dict corps ensevely et mis en terre audict lieu de Sainct-Denis, tout entier, sans iceluy diviser ny y faire aucune ouverture ou incision en ensuivant par toutes manières humblement et devotement, le commun usage d'ensevelir corps humain.

» *Item.* Voulons et ordonnons que se nous trespassons à Paris, nostre corps soit porté en l'église de Nostre-Dame de Paris, où illec faict un service solemnel, selon le bon advis et ordonnance de nos exécuteurs.

» *Item.* Et s'il advenoit que nous trespassions hors la ville de Paris en quelque lieu que ce soit, nous voulons que d'illec nostre corps soit porté tout droict en ladicte église de Sainct-Denis, sans passer ne apporter en ladicte église de Nostre-Dame de Paris.

» *Item.* Et au regard de nos obseques et de l'atour de nostre corps, de draps d'or, comme en tel cas appartient, du luminaire enterrement et sepulture, il nous plaist, voulons et ordonnons qu'ils soient faicts sans orgueil et vanité, selon bon advis, regard et délibération de nos exécuteurs.

» *Item.* Voulons et ordonnons que nos debtes soient payées purement et à plain, et nos forfaicts entierement amendez et addressez, en chargeant nosdicts exécuteurs que de ce qu'il appert clairement en leurs consciences, que nous pourrons estre tenue pour debtes pour lors faictes, ou pour autres justes causes, ils ne facent ou facent faire payement et satisfactions à ceux à qui il appartiendra, selon leur bonne discrétion et advis.

» *Item.* Nous voulons et ordonnons que le iour de nostre obseque et enterrement de nostre corps en ladicte église, soit faicté une donnée iusques à la somme de cent francs.

» C'EST A SÇAVOIR:

» A chacun qui voudra venir à ladicte donnée, huict deniers parisis, tant comme ladicte somme pourra fournir.

» *Item.* Voulons et ordonnons que le iour de nostre obseque de Sainct-Denis soit faict pitence au couvent d'iceluy de la somme de vingt-cinq florins.

» *Item.* Voulons et ordonnons, tant pour

dire messes que psaultiers en la présence de nostre corps avant l'enterrement d'iceluy, que pour dire messes le iour de nostre obseque et après, se mestier est, soit employé la somme de cent francs.

» A SÇAVOIR :

» A chacun qui dira un psautier, quatre sols parisis, et à chacun qui dira messe, deux sols huict deniers parisis, tant que ladicte somme pourra fournir.

» *Item*. Donnons et delaissons à ladicte église de Nostre-Dame de Paris, au cas que pour la condition dessus dicte, nostre corps seroit porté en icelle après nostre trespassement et non autrement la somme de cent livres tournois, pour le rachapt de nostre couronne et draps d'or, que nous aurons sur et autour nous ; et avec ce, donnons et laissons, au cas dessus dict, et non autrement, au collége de ladite église, la somme de cent francs, pour distribuer aux chanoines, chapelains, éleves, vicaires et autres dudict collége, qui seront audict service faict en la presence de nostre corps et y demeureront dès le commencement iusques à la fin ; et aussy donnons et laissons la somme de quinze francs aux marguiliers de ladicte église et sonneurs d'icelle, qui feirent la sonnerie bien et deuement.

» *Item.* Voulons et ordonnons que nos gens et officiers soient, aux despens et gages de nostre hostel, en la manière accoustumée, iusques à tant que nostre corps soit enterré et les obseques d'icelui faicts.

» *Item.* Voulons et ordonnons que tous nos vrays officiers et serviteurs commenceaux, qui, au iour de nostre trespassement, seront trouvez en nostre service, tant hommes que femmes, seront vestus de draps noirs de laine, chacun selon son estat, aux despens de nostre exécution.

» *Item.* Voulons et ordonnons que six annuels soient celebrez :

» A SÇAVOIR :

» Quatre d'iceux es quatre religions des mandians, et les deux autres par pauvres prestres à Paris, aussy nostre vie durant, si bonnement se peult faire, et laissons par chacun d'iceux annuels, quarante-cinq francs et douze sols parisis.

» *Item.* Donnons et laissons auxdicts quatre ordres mandians, à chacun la somme de vingt-cinq francs, pourveu qu'ils seront tenuz d'accompagner nostre corps, après nostre deceds iusques à ladicte église de Sainct-Denis, et aussy que dedans huict iours après, ils seront tenus de faire chacun, en leur église, un service solemnel.

» *Item.* Pareillement, nous donnons et delaissons aux dessusdicts quatre ordres vingt-cinq francs, pour dire cent psaultiers.

» *Item.* Nous donnons aux cordeliers de Sainct-Marcel six francs quatre sols parisis, pour dire cent vigilles à neuf psalmes et à neuf leçons.

» *Item.* Nous donnons aux religieux de Longchamps quatre francs deux sols huict deniers, pour dire cent sept psalmes.

» *Item.* Nous donnons et laissons au grand Hostel-Dieu de Paris, la somme de cinquante francs; à l'hospital Saincte-Catherine, en la grande rue Sainct-Denis, cinq francs, à l'hospital des Filles-Dieu, en ladicte rue, cinq francs.

» A l'hospital du Sainct-Esprict en Grève, quarante sols.

» A l'hospital de Sainct-Jnillien-le-Pauvre, en la rue Sainct-Martin, deux francs.

» A l'hospital Sainct-Mathurin, en la rue

Sainct-Jacques, quarante et un sols quatre deniers parisis.

» A l'hospital de Crecy en Brye, cinq francs.

» A l'hospital de Bray contre (*sic*) Robert, cinq francs.

» Aux pauvres enfans trouvez en l'église Nostre-Dame de Paris, huict francs; et pour remettre sus et réparer les édiffices et maisons de l'hospital S¹-Germain à Paris, qui sont de présent en grand ruyne, et aussy pour estre accompagnée es bienfaicts dudict hostel, nous donnons et laissons audict hospital, quarante francs; donnons aussy et laissons aux Quinze-Vingts de Paris, cinq francs.

» *Item* et pareillement nous donnons et laissons, pour donner pour Dieu et en aumosnes, aux pauvres honteux honnestes ménagiers, aux pauvres prisonniers, aux pauvres prestres, aux pauvres filles de bonne renommée et aux pauvres vefves, la somme de traize vingtz francs.

» *Item* et pareillement donnons et laissons à nostre très-chère et très-amée fille Marie de France, religieuse à Poissy, nos debtes payées et nostre testament accomply, nos tableaux d'or et d'argent et autres quelconques, avec les livres et heures qui seront trouvez en nostre chappelle au iour de nostre deceds, et nos chambres de tapisseryes; et avec ce, toutes nos robbes, quelles qu'elles soient, et génerallement tous les biens meubles qui nous demourerons après nostre deceds, quelque part qu'ils soient; et au cas que nous survivions nostre dicte fille, nous, en contemplation de ladicte église de Poissy, où elle a usé et use ses jours, donnons et laissons à ladicte église, audict cas, toutes les choses dessusdictes, parmy ce qu'ils seront tenus de faire dire et celebrer une messe solemnelle en ladicte église, pour tout le couvent d'icelle, par chacun mois à tousioursmais doresnavant; laquelle nous voulons estre dicte de Nostre-Dame nostre vie durant, et après nostre trespas de *requiem*, pour le salut et remede de l'ame de feu monseigneur, à qui Dieu pardoine, et de nous.

» *Item*. Un service pour l'ame de feu mondict seigneur, par chacun an à tousioursmais au iour de son trespas.

» *Item*. Semblablement un service pour le salut et remede de nostre ame, et un pour nostre dicte fille Marie, à tousioursmais par chacun an aux iours qu'il plaira à nostre seigneur nous prendre, et avec ce seront tenus lesdictes religieuses de faire dire, par chacune des religieuses de ladicte église, recommandances, psaultiers, vigilles et sept-psalmes, par la maniere qu'il est accoustumée de faire en ladicte église en tel cas. Desquelles choses elles ont promis de nous en bailler lettres scellées des sceaux desdicts prieurés et couvent de Poissy.

» *Item.* Pareillement donnons à nostre dicte fille, nos debtes payées et nostre dict testament accomply, tous les ioyaux que le seigneur de Sainct-Georges a de nous en garder, et desquels nous avons baillé à nostre dicte fille lettres, es quelles ils sont bien au long declarez, se ce n'estoit que nostre vie durant, nous les eussions recouvrés et alloués.

» *Item.* Voulons et ordonnons que le plustost que faire se pourra, après le iour de nostre enterrement, qu'un service soit faict en l'église Sainct-Paul à Paris, selon l'ordonnance et bon advis de nos exécuteurs tant de luminaires, messes, que toutes choses quelconques, qui à tel cas appartient.

» *Item.* Donnons et laissons à la fabriques (*sic*) dudict lieu, vingt livres.

» *Item.* Nous voulons et ordonnons que le plustost que faire se pourra, toutes nos terres, maisons et seigneuries, cens, rentes et possessions que nostre Seigneur par sa grace nous a donnez et que avons acquis, et dont auiourd'huy usons, jouissons et possedons, estant en ce royaume, soient baillez et delivrez purement et à plain aux églises et lieux et par la maniere cy-appres déclarée :

» Premierement, nous donnons et laissons, voulons et ordonnons estre baillée et délivré à l'église Nostre-Dame de Paris, tous les hostels, cens, rentes, revenus, possessions et appartenances quelconques, que souloit avoir et tenir Hemonnet Regnier et Jean le Blanc, delà et deçà la Seyne, et génerallement tout ce qu'ils souloient avoir outre la riviere de Seyne, du costé de devers la Beausse hors l'enclos des murs de la ville de Paris; d'iceluy costé, nous donnons aussy à ladicte église de Nostre-Dame de Paris, nostre hostel du Val-la-Royne, avec toutes ses appartenances, pourveu que l'hospital et hostel Dieu Sainct-Gervais, assis à Paris, duquel nostre confesseur a le gouvernement, prendra sur ladicte église à perpétuité vingtz livres parisis, pour chacun an, tant que ceux de ladicte église de Nostre-Dame de Paris, auront assigné audict hospital vingt (*sic*) livres parisis bien assis, et dont le gouverneur et ceux dudict hospital seront tenus de celebrer à perpétuité, par chacun mois de l'an, le premier jour dudict mois, une messe à nottes et vigilles, à neuf psalmes et leçons ; et ceux de ladicte église Nostre-Dame de Paris, seront tenus à perpetuité de faire dire en leur dicte église, un obit solemnel par chacun an, ainsy et en la maniere accoustumé en ladicte église, avec ce, seront accompagnés aux biens faicts et prieres de ladicte église.

» *Item.* Pareillement, nous donnons à l'église et à l'abbaye de Sainct-Denis en France, nostre hostel de Sainct-Oyn, appelé *l'hostel des Bergeries*, avec toutes ses appartenances, pourveu toutesfois que frere Anceau Hapart, nostre confesseur, pour les agréables services qu'il nous a faicts, et esperons qu'il face au temps advenir, et aussy qu'il puisse vivre apres nous honnestement sans mandier, prendra sur ladicte abbaye franchement sa vie durant solemnellement cinquante livres parisis par chacun an ; et semblablement Catherine le Foucques, fille de Guillaume Foucques, escuyer, de laquelle nous desirons son bien et advancement ; et pour ce que aussy nous avons promis à sa mere de luy querre sa vie, prendra aussy franchement sur ladicte abbaye cinquante livres parisis sa vie durant seulement, comme plus à plain est contenu en nosdicts (*sic*) lettres que leurs avons baillées. Pour ce, seront toutefois tenus ceux de ladicte église et abbaye de Sainct-Denis, de dire et celebrer par chacun an en leur dicte église un obit solemnel, et avec ce, seront mises en toutes leurs prieres qui se feront en ladicte église.

» *Item*. Nous donnons à l'Hostel-Dieu et hospital de Gonnesse nostre hostel ascis audict lieu de Saint-Quyn, qui fut à maistre Guillaume Fleureau, avec toutes ses appartenances, pourveu que ceux dudict hospital célèbrent à perpétuité par chacun mois, le dernier jour dudict mois, une messe à notte et vigilles, à neuf leçons de *requiem*.

» *Item*. Donnons au grand Hostel-Dieu de Paris, tous les rentes, maisons et revenus à nous de présent appartenant, qui furent et appartindrent audict Hemonnet Ragnier (sic) et Jean-le-Blanc, estans dans l'enclos des murs de la ville de Paris.

» *Item.* Nous donnons au grand Hostel-Dieu de Provins tous les terres, cens, rentes et revenus que souloit avoir et tenir au pays de Champagne, ledict Hemonnet Ragnier, pourveu que lesdicts Hostels-Dieu de Paris et de Provins seront tenus de payer pour le salut et remede des ames de feu mon tres redoublé Seigneur, à qui Dieu pardoine et de nous.

» *Item* voulons que nostre dicte vie durant, si bonnement se peut faire, les dessusdictes maisons, cens, rentes, possessions et revenus soient delivrez aux églises et hospitaux, et par la maniere dessusdicte, affin de plus grande seureté, et que iamais ne puissions revocquer, rappeller ne aller au contraire ce que dict est, reservé et retenu à nous l'usufruict desdictes terres, maisons, revenus, possessions, et dont nous iouirons nostre vie durant.

» *Item* nous voulons et ordonnons que chacun de nos exécuteurs qui cy après seront nommez ou en nos codicilles, s'il advient que aucuns en facions, ayent chacun telle somme qu'ils adviseront ensemble de et sur les biens de nostre dicte execution, de laquelle chose nous nous rapporterons sur les consciences, et leur prions et requerrons par les présentes et pensions a prier et à requerir qu'ils se vueillent charger d'executer et accomplir nostre dict testament et nos codiciles, se aucuns en faisons, sur l'ordonnance de nostre derniere volonté, et pour ce que nous pensions bien et convenablement que continuellement ils ne pourroient pas bonnement tous vacquer et entendre, nous avons volonté au plaisir de nostre Createur d'accomplir ou faire accomplir par tels de nos serviteurs que bon nous semblera nostre vie durant, grande partie d'iceluy nostre testament.

» *Item.* Nous voulons et ordonnons que nos dicts executeurs puissent contraindre tous nos debteurs à payer toutes debtes qui par eux nous seront deubs au iour de nostre trespassement, iouir et clorre leurs comptes, et composer et accorder, se mestier est, et que iceux executeurs baillent ou puissent bailler auxdicts debteurs telles lettres de quittance comme bon leur semblera ; lesquelles lettres de quittance, nous voulons estre baillée (*sic*) pour vallables.

» *Item.* Il nous plait et voulons que nos debtes qui nous serons deues au temps de nostre trespassement nosdicts executeurs puissent faire grace et remission à nosdicts debteurs en tout ou en partie, selon qu'ils verront estre à faire par bonne equitté, au proffict et salut de l'ame de nous.

» *Item.* Nous voulons et ordonnons que tout ce que nous adiousterons, soubstrerons, minerons et changerons en nostre present testament par codicilles en iceluy annexez, tiennent [*sic*], vaille et soit mis à execution et accomply tout ainsy, comme il est contenu en ce présent testament, demourant en sa force et vertu entierement et à plain.

» *Item.* Pour mettre à execution, entheriner et accomplir le contenu en ce present testament et derniere volonté, et en nos codicilles se aucuns en faisons, dès maintenant pour lors qu'il plaira à nostre Seigneur que nous trespassions de ce siècle, nous dessaisissons et devestons de tous nos biens meubles et autres choses quelconques et quels qu'ils soient, et voulons que nosdicts executeurs en soient et demeurent saisis et devestus sans moy en incontinent après nostre deceds; auxquels executeurs nous, des maintenant pour lors, transportons par le testament, tout le droict et possession que nous y avons, afin que d'iceux biens et autres meubles quelconques, ils puissent, après nostre deceds, iouir, user et exploicter paisiblement, iceux prendre et les tenir en leurs mains, en faire bon et loyal inventaire, et les vendre et employer au mieux et plus proffitablement qu'ils pourront, sans aucune faveur, tout au proffit de nostre execution, et leur transportons pour les causes dessusdictes, tous droicts, raisons et actions que nous y avons et pourrions avoir contre quelconque personne que ce soit au iour de nostre trespassement; voulons et ordonnons que tout le demeurant de nosdicts biens meubles, quels ne en quelque valleur qu'ils soient, demeurent à en la main de nosdicts executeurs, pour estre par eux distribuez et au moyen en trois parties, selon leurs bonnes discretions et advis et par la forme et manière contenus et declarez ci-dessus en nostre present testament.

» *Item.* Voulons et ordonnons que de nos

présent testament et codicilles, s'il advient que aucuns en facions sur l'ordonnance de dernière volonté les gens de la cour de parlement ayent à prevention et congnoissance seuls et pour le tout et non autres, et en soubzmettons à eux et à la dicte cour la congnoissance, voulans et ordonnans que, apres nostre deceds nostre testament ou codicilles soient mis en leurs mains, pour avoir la congnoissance de tous les debats proces qui à cause de ce pourroient mouvoir, et pour estre par eux commis telles personnes qu'ils verront qu'il sera bon à faire pour veoir l'estat et ouïr le compte de nostre exécution, et estre par eux pourvueu, come au cas appartiendra et requerons au Roy nostre très-cher et très-amé fils, le Roy, tant que nous pouvons, que nosdicts executeurs et le faict de l'execution de nostre present testament et de nos codicilles, se aucuns en faisons, il veuille de sa grace avoir pour speciallement recommandés et prendre en sauve-garde et protection specialle, et si à nosdicts executeurs estoit faict ou donné par quelque personne que ce fust, aucun empeschement ou destour au faict de nostre dicte execution, la vueille faire oster et mettre au neant, et en telle maniere que nosdicts executeurs puissent iceux nostre testament et codicilles entierement accomplir selon nostre entention, et aussy prions très-acortes et de cœur à nostre tres-cher et tres-amé fils Jean, duc de Bedfort, et Philippes duc de Bourgongne, que semblablement vueillent avoir le faict de nostre dicte execution pour recommandée et estre procureur et deffendeurs d'icelluy, et faire cesser à leur pouvoir tous qui en ce seroient ou pourroient estre donnéz à nosdicts executeurs, lesquels nous prions semblablement qu'ils vueillent ouyr et les ayder et conforter toutesfois que pour ce ils se trairont par deves eux pour lesquels laiz et autres choses dessusdictes escripte et divisée en ce present testament et ordonnance de nostre derniere volonté, et en nos codicilles, s'il advient que aucuns en facions, mettre à execution deue et loyallement et briefvement, si comme nous desirons de tout nostre cœur, nous élisons et nommons et faisons ordonnons et establissons par vraye confiance nos executeurs les personnes qui en suivent :

» A SÇAVOIR,

» Nostre fille Marie.

» Reverend pere en Dieu, nostre très-cher et tres-amé cousin,

» L'evesque de Therouenne, chancelier de France.

» Nos tres-chers et bien amez les evesques

» De Noyon,

» De Paris,

» De Meaux, qui à présent sont,

» *Item*. Nos amez et feaux,

» Messrs Jean Chaussart, nostre chancelier,

» Frere Anceau Happart, nostre confesseur,

» Hector de Laon, nostre maistre-d'hostel.

» Estienne Bruneau, nostre secrétaire.

» Mr Jean Rhuillier, advocat en parlement,

» Et Denisot de Gastinet, nostre controlleur, et pour ce que si nous pensons que tous les dessus nommez ne pourront pas estre presens, ne vacquer au faict de nostre dicte execution pour plusieurs empeschemens qu'ils pourroient avoir, il nous plaist, voulons et ordonnons que les quatre ou cinq d'iceux puissent entreprendre, poursuir et demener le faict de nostre dicte execution en iceluy, et toutes les choses contenues en nosdicts testament ou codicilles, et de toutes les despenses d'iceux entheriner et accomplir, et de ce faire, leur donnons pouvoir et authorité, pourveu toutesfois que, entre les autres que ainsy vacqueront au faict de notre dicte execution, soient tousiours lesdicts Chaussart, Happart, Bruneau et de Gastinet, pour procéder au faict de nostre dicte execution, par le bon conseil et ayde de nostre dicte fille Marie, ainsy quil apartiendra par raison et selon leurs bonnes discrétions. Toutesfois, nous voulons que ce que nous avons accomply ou faict accomplir nostre vie durant, par ceux que nous y ordonnerons, ait lieu et soit de valleur, et prions et requerrons si affectueusement et de cœur, que plus ne pouvons à tous nos dicts executeurs ensemble et à chacun par soy, que charitablement vueillent prendre et accepter en eux la charge de nostre dicte execution, selon la forme et maniere dessus dicte, et pour l'amour de nous icelle execution accomplir et mener à fin, ainsy qu'ils voudroient pour eux estre faict, pour le salut de leurs ames en telle maniere qu'ils en doivent et puissent de Dieu recevoir pardon, et que l'ame de nous puisse plus briefvement aller à la benoiste gloire de paradis, laquelle nostre Seigneur Jesus-Christ nous vueille octroyer par sa douce misericorde. Amen.

» En tesmoing desquelles choses nous avons faict mettre nostre propre scel à ces présent testament et derniere volonté, auquel, pour plus grande confirmation, nous y avons mis et apposé nostre nom.

» Donné à Paris en nostre hostel de Sainct-Paul, le deuxiesme septembre l'an de grace mil quatre cens trente et un.

» *Ainsy signé* ISABETH.

» *Item* par la Reyne

» ET. BRUNEAU (1). »

A une demi-lieue au-dessus de Creteil, se trouve sur la gauche le village de Boneuil, situé sur une pente douce non loin de la Marne.

L'opinion la plus généralement reçue est que ce lieu tire sa dénomination d'un pos-

---

(1) Tiré d'un manuscrit du fond de Notre-Dame.

sesseur ou ancien fondateur du village, appelé *Bonus*.

En lisant la Chronique de Frédégaire, écrivain du 7ᵉ siècle, on voit qu'en 616 Clotaire II, qui y avait une maison de plaisance, voulant témoigner sa bienveillance aux premiers du royaume de Bourgogne, leur fit savoir qu'ils se rendissent près de lui à *Bonogilum*.

Quoique l'église, très-petite et dédiée à Saint-Martin, ait un aspect moderne qu'elle ne doit qu'à des réparations faites depuis environ cinquante ans, le chœur possède encore des vestiges de voûtes gothiques, qui rappellent le 13ᵉ siècle.

Dans la chapelle latérale, à droite, se trouvait un caveau où étaient dix-sept cercueils de plomb qui ont été enlevés et fondus dans la révolution, comme tant d'autres.

Le beau château placé derrière l'église appartient au général Musnier, qui, après avoir long-temps servi sa patrie, s'est retiré dans ce lieu, dont il est maire.

Une demi-heure de marche me conduit au hameau de Brévannes, dont l'immense château, qui fut reconstruit en 1786 par M. le Pileur, appartient aujourd'hui à madame la baronne de Varanges (1). Cette terre avait appartenu au duc de Chaulnes, gouverneur de Bretagne. Madame de Coulanges y possédait une petite maison, qu'elle habitait. Madame de Sévigné se trouvant chez M. de Chaulnes, disait en écrivant à sa fille (2) : « Madame de Coulanges est encore plus aimable ici qu'à Paris ; c'est une vraie femme de campagne : je ne sais où elle a pris ce goût, il paraît naturel en elle. »

Cependant, malgré sa beauté et son amabilité, elle ne put fixer son époux, ami des plaisirs ; car personne n'ignore qu'ils se séparèrent volontairement en 1679. La chanson suivante, qui fut faite à cette occasion, est restée inédite :

> « Coulanges n'est-il pas heureux
> De se voir, à son âge,
> Dégagé des soins dangereux
> Que cause le ménage ?
> Il trouve, sans craindre un refus,
> Quelque objet qui l'enflamme :
> Heureux qui comme lui n'est plus
> Le mari de sa femme ! »

---

(1) On prétend que le Pileur y dépensa un million.
(2) 11 novembre 1688.

On sait aussi que Coulanges suivait partout le duc de Chaulnes. Un trait resté ignoré trouvera ici naturellement sa place.

Quoiqu'il eût gagné beaucoup d'argent au jeu pendant les Etats de Bretagne, le duc de Chaulnes lui fit faire des présens en argent par les Bretons. Il s'ensuivit que lors de son départ, les Bretons, dont l'esprit est très-malin quand on les pique, lui firent le quatrain suivant :

« Vous emportez, Coulanges,
De nos Etats bretons
Pistoles et louanges,
Et nous laissez de mauvaises chansons. »

Si l'on doit en croire un manuscrit de la Bibliothèque du Roi, il paraît que la fortune ne lui sourit pas toujours; car j'ai lu que, pour payer ses dettes, il fut obligé de vendre la charge que son père lui avait achetée, le 26 décembre 1658, lors de son retour du premier voyage qu'il avait fait en Allemagne et en Italie. Cela ne l'empêcha point de conserver une aimable gaîté jusques dans un âge très-avancé.

Je crois faire plaisir en rapportant ici une chanson non publiée dans ses œuvres, qu'il fit ayant plus de 80 ans. Elle s'adresse à trois ou quatre fameux prédicateurs qui l'engageaient à mener une vie plus retirée. La voici :

« Je voudrais à mon âge,
Il en serait temps,
Être moins volage
Que les jeunes gens,
Et mettre en usage
D'un vieillard bien sage
Tous les sentimens.
Je voudrais du vieil homme
Être séparé ;
Le morceau de pomme
N'est pas digéré.
Gens de bien, gens d'honneur,
A votre savoir-faire
Je livre mon cœur ;
Mais laissez entière
Et libre carrière
A ma belle humeur. »

Une chose des plus étranges,
Et qu'il ne faut pas oublier,
C'est que la maison de Coulanges
Est la maison d'un chansonnier,
Poète gai, convive aimable,
Dont la voix chante tour-à-tour,
Et les délices de la table,
Et les délices de l'amour (1).

_____

(1) M. Armand Gouffé.

C'est encore ici que de Sèze,
Ce défenseur de Louis seize,
Vient souvent avec ses amis
Se délasser de ses ouvrages,
Qui lui conquirent les suffrages
Dans la carrière de Thémis.
Ce fut chez lui qu'on vit jadis
L'auteur fameux de Bélisaire,
Passer la Seine pour lui plaire
Et le charmer par ses écrits (1).

Enfin ce poëte fidèle,
Qui peignit en vers gracieux,
Prenant sa femme pour modèle,
Les femmes, doux présens des Cieux,
Venait, sur le front de sa mère
Habitante de ce vallon,
Poser la palme littéraire
Qu'il tenait des mains d'Apollon (2).

Avant de sortir de Brevannes, il n'est pas hors de propos, puisque j'ai parlé du duc de Chaulnes, de rappeler que les soins de l'ambassade ne l'empêchaient point de porter aussi des soins particuliers à notre Aca-

---

(1) Grignon, près Choisy-le-Roi, était la résidence de Marmontel, qui traversait la Seine pour aller à Brevannes voir son ami M. de Sèze.

(2) Le Gouvé.

démie des Beaux-Arts à Rome, fondée par Louis XIV en 1666.

Voici deux extraits de ses lettres à Colbert sur cet établissement, qui me paraissent mériter quelque attention :

. . . .

« Je me suis desja informé de l'estat de l'Académie du Roy, dont la réputation s'augmente considerablement ; je crois que M. Herar aura peu vous faire de bonnes relations d'un jeune homme sculpteur, françois, et qui travaille ici depuis cinq ans que je luy amené pour en remplir une des places vacantes. Le cavalier Bernin m'ayant tesmoigné qu'il en estoit tres-capable, je prendray la liberté de vous la demander pour luy, vous suppliant très-humblement de me croire absolument à vous.

» Le duc de CHAULNES.

» A Rome, ce 21 janvier 1670 » (1).

---

(1) Le jeune sculpteur dont on veut parler, doit être le fameux Girardon, que le chancelier Séguier fit connaître à Colbert, après avoir encouragé ses premiers essais.

« A Rome, ce 11 febvrier 1670.

» Je vis, il y a quelques jours, les copies que les peintres de l'Académie du Roy ont faict des tapisseries sur les desseins de Raphaël. C'est un travail qui a esté exécuté en perfection, et dont l'on tirera plusieurs avantages ; le premier, que le Roy pourra avoir de plus belles tapisseries que celles qui sont ici ; le deuxième, que les tableaux seront un bel ornement partout ou l'on voudra les mettre ; et le troisième, que ce sera une escolle pour les peintres, où ils pourront beaucoup proffiter. . . . .
. . . .

» Le duc DE CHAULNES. »

Après avoir visité la petite chapelle de Sainte-Marie-Magdeleine, qui est d'un effet d'autant plus pittoresque, que de jolis bosquets lui servent de fond, je remonte en voiture et vais à Boissy-Saint-Léger, situé sur le haut de la colline à une demi-lieue de Brevannes.

Boissy, qui vient ou du mot latin *buxus*, buis, ou de *boscus*, qui dans la latinité du moyen âge, signifie bois en général, peut être fort ancien; mais, ce n'est qu'à dater du 6ᵉ siècle, époque où Saint Germain, évêque de Paris, y opéra, dit-on, des miracles, qu'il est connu dans l'histoire. Cent ans après, l'église, qui n'a rien de remarquable, fut érigée en paroisse et dédiée à Saint-Léger, évêque d'Autun (1). Dans la suite, le village prit le surnom de ce Saint, pour être distingué d'un autre Boissy, également situé dans les environs de Paris.

Des chartes nous apprennent en outre que Clovis II donna, en 650, cette terre aux religieux de Saint-Maur, dont Saint Babolein, mort en 660, fut premier abbé. Il n'y a que peu d'années qu'on voyait encore au bas d'une maison bourgeoise en face de l'église, la fontaine de Saint-Babolein, que sans nul respect on a comblée.

Le château, situé sur une éminence, et

---

(1) Comme Gros-Bois est dépendant de la paroisse de Boissy-Saint-Léger, madame la princesse de Wagram a fait restaurer, sous l'invocation de Sainte Elisabeth, une chapelle, où régulièrement elle remplit ses devoirs religieux avec sa famille.

On raconte que M. de Robe, pasteur du lieu, aime tellement ses bons villageois, qu'il a refusé un évêché pour ne point les quitter.

connu sous le nom de *château du Piple*, qui appartint au maréchal de Saxe, est remarquable tant par sa belle construction, que par sa position. Ce bâtiment était, vers le 14e siècle, un *manoir* des moines de St.-Maur, qui en cédèrent la jouissance à Jean de Chevry : et ce fut en 1725 que Cantorbe fit bâtir le château.

Je crois avoir lu dans le cartulaire de Saint-Maur-les-Fossés, que le nom latin de cette ferme était *ad populos*, aux peupliers; et l'on peut, ce me semble, proposer cette étymologie comme une conjecture assez probable.

Les lettres suivantes prouveront que le maréchal de Saxe habita long-temps ce château. Elles sont adressées à M. Favier, maître à danser de la reine de France, lorsque cette princesse était aux Deux-Ponts, et depuis maître de ballet et premier danseur des rois de Pologne, Auguste II et Auguste III.

PREMIÈRE LETTRE.

« Au Piple, ce 24 septembre,

» J'ay fait une chûte, mon cher Favier, sur ma mauvaise main, qui est la droite (1), et c'est ce qui m'a empêché de répondre à la lettre que vous m'aves écrite. Vous me faites espérer que je vous verrai en France; soyes persuadé que ce sera toujours avec grand plaisir que j'envisagerai ce qui vous rapproche de moy. Vous ne me parles point, dans votre lettre, du voyage de madame et mademoiselle Favier. J'avois cru qu'il leur auroit été aisé d'obtenir un congé, la danse n'allant point à Houberbourg. Je conte partir dans quelques jours pour Chambord (2), où je resterai jusqu'après la Saint-Martin. Je regrette de ne vous y point voir. Bien des complimens à monsieur de Fontenay et à monsieur de Mar, ainsi qu'à toute

---

(1) D'après les autres lettres, on s'apercevra que M. le maréchal s'est servi d'un secrétaire pour la première. Du reste, on sait qu'il refusa d'être de l'Académie française parce qu'il ne savait point l'orthographe.

(2) Louis XV, après la paix de 1748, donna la jouissance de Chambord au maréchal de Saxe; et l'on peut dire aujourd'hui, que la France a donné ce même château au duc de Bordeaux.

la société, qui se trouve à Lieuteval, où je conte que cette lettre vous ira joindre. Vous connoissez me sentimens pour vous.

M. DE SAXE.

SECONDE LETTRE.

« A Courtrès, l'éternel Courtray, le 11 octobre 1744.

» J'ay ressu, mon cher Favier, la laitre que vous m'avés écrite le 28 du mois passé; je me suis douté que vous auriés quelque cinquietude sur la relation de vos voiages, et vous ne vous doutiés pas qu'une armée dut vous passer sous le née si peu de jours après vostre retour en Saxe; sela sant la poudre à canon, et vous avés forbien fait de vous en ellognier : venés au Piple, mon cher Favier, je vous ferés le sacrifice de set impertinent chevreuil, et je l'immollerés à vostre tranquillité (1).

Vous avés vreman apris un beau chien de

---

(1) Ce chevreuil attaquait tous ceux qui se promenaient dans le parc. Je l'ignorois, et un jour il me harcela plus d'une heure, parce que je ne voulus pas lui casser une jambe avec ma canne. Il avait attaqué une paysanne, et lui avait fait trois trous avec ses cornes. (*Note de M. Favier.*)

segret, de fondre de ginée dans de l'eau de la raine de Hongrye, sel'a vous réusira à la diable; vous n'avés qu'à voir comme le roi de Sardaigne s'an trouve. Cogni ait pris, et il pouret se faire qu'il fut obligé de faire un petit voiage dans une république voisine, pour mettre sa personne en sureté, sela net pas amusant pour un souverain de respirer l'air républiquein, pendant que l'on a des étrangers chés soi. Les ennemis de S. M. T. C. tourne à l'entour de moi, depuis environ trois mois; mais ils ne me font rien du tout, on a beau leur envoier des ordres de me manger, ils répondent toujours sela vous plait à dire. Adieu, mon cher Favier; Dieu vous éclere en Saxe, et vous conduise bien, écrivés-moi de tens en tamps, vous ne sories me faire un plus sensible plésir. Vous trouverés bien des ratures dans ma laitré; mais j'ay sent personnes sur mes épolles, qui fredonne des couplés d'un opéra comique que j'ay ici suivant l'armée, pour amuser la conpagnye, et qui y fait très-bien ses affaires.

» Adieu, mes complimens au chevalier et à Fontenay.

M. DE SAXE.

TROISIÈME LETTRE.

« Enfein voilla ma chesse partye, et mon valet de chambre vous remeteras saite laitre et vous rameneras dans ma chesse; je ne puis en envoier une pour M. de Braquel, mais il en trouveras une à Paris assés aisément. Je me fais une faite de vous revoir et de vous embrasser mon cher Favier. Je vous ay logé dans la chambre à cotés du senieur de Ckorunisbrock (1). Le m^{al} de Leuvendal ait assés mal à Namur, j'espere pour tant que vous le verez ici. Adieu, mon cher Favier.

M. DE SAXE.

QUATRIÈME LETTRE.

« Au camp de Tongre, le 30 septembre 1746.

» J'ay ressus hier mon cher Favier un l'aitre de vous qui ait sans d'ate, mais j'ay juge par son contenus qu'elle étet écrite avant la bataille de Ckessels dorf; vous mi parlés du mariage du comte Flemeing, et je pance qu'elle accompagnet la montre que

---

(1) C'est le comte de Frizen.

vous m'avés fait faire; je vous dois plusieurs reponces; mais j'ay un petit à faire, et vous conessés le pecher originere de la famille, coique il soit moindre chés moy que chés mes parens. Je suis brouillé avec la P. de Hollestein. J'étés convenus avec elle qu'elle m'ameneret son fils, et qu'elle s'an retourneret à Venisse, sela étet forbien; mais elle veut prandre rasine à Paris, et cant je lui en ai écrit, elle m'a montrés les dans.

» Se n'ait pas reconaitre se que j'ay fait pour son fils, et je suis a pres à chercher les moien de la faire degerpir. Elle me pesse sur les épaules, et je ne l'aurés pas crus capable de me jouer un tel tour; elle a fait à moy pour la vye, et elle fait assurement gran tort à sait anfan, dont j'orés pris soin comme s'il avet étés le mien; car telle ait la follye des viellarsd, cant ils n'ont point d'anfans, il se charge de neveux, modite engence. A propos de se la, mon autre neveux (1), le segnieur de Ckunisbruc, pour qui vous avés fait de si jolis vers, m'entre dans mon bercail, et y fourage tout, se la ne me fait pas autremen plésir, coique j'an rye

---

(1) Le comte de Feizen.

encore jusqu'à presant; je ne crois sependant pas que je pousse la follye au point de le maitre de mes petis soupés. L'oncle auret tord malgrés le marechalat, je le repete, il n'y a pire engence apres les pages, que les neveux.

» Je ne vous ecris pas de nouvelles, je crois que Seinsernein ne vous en lesse pas menquer. Le P. Charle ait ici vis-à-vis de moy, à la distence du grand gordein, où il fait une minne de chien; je me donne tous les matein le plesir de la chasse des oulans avec les housan, et puis nous alons dinés. Seinsernein a une grande rosse blanche sur laquelle il va houlandés pour faire acroire au Fransais qu'il y entant quelque chosse, mais il sj prend comme un offisier d'einfenterie, et se seras merveille s'il ne se fait couper les oreilles. Adieu mon cher Favier, je ne vous répons pas sur la coinition que vous m'avés donés pour M. de Leubendal; je ne suis pas assés homme de bien pour me meler de pareille chosse. D'alieur, au metier que fait Leubendal, ... ne fournit pas de grande resources. » Suivent six lignes effacées.

» M. DE SAXE. »

CINQUIÈME LETTRE.

« A Paris le premier d'oust 1750.

» J'ay veu, par une laitre que vous aves écrite d'Aix la Chapelle, à Messac des chosse qui m'afflige, mon cher Favier, je m'étés flaté que vos affaires tour ne roit a vostre satis faction, et quelles vous proqureret les moiens de venir en France. Il me paret que sait obget s'ellogne de vous, aulieu de san approché, et j'an suis faché. Je conte aller ver le 15 de septembre à Chambor. Melle de Sance et une bende de fames doivet y venir, se la m'a engagé à y faire venir une troupe de comédiens de province qui ait selle de Rouan, et qui a le privillege de Compiegne et de Rouan; elle ait passable et comme vous savez nous avons des suplémans. Vous demendés des nouvelles de la petite Favier, sa maire l'a inenée dans les environs d'Orléan pendant deux ou trois mois elle en ait revenue fort engressée, je lais vue deux fois pendant leur séjour en France, ils ne m'ont poin parlé d'antrer à l'Opera la fille prand des lesson de Maltere, qui ne travaille qua ses bras.

La maire ne fait pas grant cas des bras, asse quelle m'a dit, et je la soupsonne de faire cabrioller sa fille en bonne fortune, coy que Maltere le luy ait deffandu (1).

» Voilla tout se que je puis vous en dire. Maltere m'a dit beaucoup de bien de la petite Riviere, et je dois parler à M. le duc dOmon, pour la faire denser pendant quelque tamp à la commedye fransoisse.

Je reviens dans le moment du Piple, où je suis la plus part du tamp. La Grange nait pas encore achevée. Adieu, mon cher Favier je vous embrasse.

» M. DE SAXE. »

A une demi-lieue de Boissy-Saint-Léger,

---

(1) C'étoit à tort qu'il jette ce soupçon. Cette petite Favier étoit fille d'un comédien à Dierden, qui n'étoit point mon parent. (*Note de M. Favier.*)

« Voici un trait, ajoute autre part Favier, du maréchal de Saxe qui, peut-être, n'est su que de moi, et dont je suis bien aise que le public soit instruit. On m'avoit engagé dans plusieurs maisons d'engager ce seigneur de faire écrire sous ses yeux un journal en forme de ses campagnes : j'y ai pensé plus d'une fois, me dit-il, mais esclave de la vérité, j'ai mieux aimé me priver de cette satisfaction, et ne pas déshonorer le nom de trois familles. »

à paris le premier d'aoust 1750

j'ay veu par une lettre que vous avez écrit
dans la chapelle, à message de chose qui
m'afflige mon cher favre, je me flate
que vos affaires tour ne vont a votre
satisfaction, et qu'elle vous procurent
les moiens de venir en france, il me
paret que sat objet selloigne de
vous, au lieu de son approche, et
j'an suis faché, je conte aller ver
le 15 de septembre a chambor
m'elle de sance et une bende de fomes
d'ouet y venir, je la ma ongoger
a y faire venir une troupe de comediens
de provence qui oit selle de rouan

et qui a le priviltege de compiegne
et de rouen, elle oit possable et
comme vous soies, nous avons dy suplemens
vous demendés des nouvelles de la petite
tories, sa maire la mesme dans les environs
d'orlean pendant deus ou troÿ moÿ
elle an oit revenüe fort engressée
je l'aÿ veu deus foÿ pendant leur
sejour en france, ils ne mont jam
parlés d'onbur a l'opera, la fille
prand des lesson de moltere qui ne
travaille qua ses bras, la maire
ne foit pas grant cas, dy bras, oss
quelle ma dit et je la soupsonne de
faire cabriolles sa fille en bonne fortune

coy que malherbe de Luÿ ait deffendu,
vollà tout se que je puis vous en dire,
malherbe m'a dit bauwcoup de bien de la petite
riviere, et je dois porler a m. le duc d'omon
pour la faire jouer pendant quelque
tomp. a la commedye frans oiffe,
je reviens dans le moment des proyes ou je
suis la plus part du tomps. la Grouze n'oit
pas encore achevée; adieu mon cher
Favier je vous embraffe
                              M. de Sore

a m. foires

+
Cetoit à tord, qu'il jette ce Soupçon, cette Petite favier, c'est fille d'un
comedien, a Dresden, y elle n'estoit point mon Parent

est le château de Gros-Bois, qui doit sa dénomination à la vaste étendue des bois au milieu desquels il est situé. Il est désigné dans les titres anciens par les mots latins *grosso bosco*, appartenant au moyen âge.

Ce château, à cinq lieues de Paris, sur la route de Brie-Comte-Robert, a dans ses dépendances des jardins très-spacieux; et le parc, entouré de murs, contient dix-huit cents arpens. Les seuls changemens qui aient été faits, consistent en des jardins anglais, sur l'emplacement de vastes boulingrins. Peu de châteaux ont changé de propriétaires aussi souvent que celui-ci. Par le mariage que Nicolas de Harlay contracta avec la fille héritière de Raoul Moreau, trésorier de l'épargne (1), il le posséda vingt ans, au bout desquels il le vendit au duc d'Angoulême, fils naturel de Charles IX. Ce prince, qui le fit agrandir, appela le Blanc, peintre lyonnais, pour y peindre une galerie et divers plafonds. A la mort du duc, il passa à son fils Emmanuel de Valois. Plus tard, Achille de Harlay, premier pré-

---

(1) C'est ce Moreau qui l'a fait bâtir.

est le château de Gros-Bois, qui doit sa dénomination à la vaste étendue des bois au milieu desquels il est situé. Il est désigné dans les titres anciens par les mots latins *grosso bosco*, appartenant au moyen âge.

Ce château, à cinq lieues de Paris, sur la route de Brie-Comte-Robert, a dans ses dépendances des jardins très-spacieux; et le parc, entouré de murs, contient dix-huit cents arpens. Les seuls changemens qui aient été faits, consistent en des jardins anglais, sur l'emplacement de vastes boulingrins. Peu de châteaux ont changé de propriétaires aussi souvent que celui-ci. Par le mariage que Nicolas de Harlay contracta avec la fille héritière de Raoul Moreau, trésorier de l'épargne (1), il le posséda vingt ans, au bout desquels il le vendit au duc d'Angoulême, fils naturel de Charles IX. Ce prince, qui le fit agrandir, appela le Blanc, peintre lyonnais, pour y peindre une galerie et divers plafonds. A la mort du duc, il passa à son fils Emmanuel de Valois. Plus tard, Achille de Harlay, premier pré-

---

(1) C'est ce Moreau qui l'a fait bâtir.

sident du parlement de Paris, l'acheta aux héritiers de Valois. Son fils, conseiller d'état, l'eut en héritage; ensuite par le mariage de mademoiselle de Harlay, avec M. de Montmorency-Luxembourg, il passa à la maison de Luxembourg.

D'après une lettre que le hasard m'a fait découvrir, il paraît que M. de Montmorency l'habitait souvent. Je crois devoir la présenter ici pour donner une idée de l'esprit original de son auteur:

« A Gros-Bois ce dernier aoust.

» La famille des petits chiens de la comédie des Plaideurs n'a jamais esté sy delesée, Monsieur, que i'ay trouvé la mienne, puisque le marquis de Courtalain, fils de M. de Montmorency n'a point d'ordre pour pouvoir faire cette campagne sur un vesseau. Comme il désire d'aprendre son mestier sur mer, il voudroit bien pouvoir servir dès cette heure, et ie vous serois fort obligé sy vous vouliés bien luy envoier un ordre pour cela, et sy vous me croiez autant à vous que ie suis.

» MONTMORENCY-LUXEMBOURG.

» A monsieur, monsieur le marquis de Seignelay, secrétaire d'estat. »

Après M. de Montmorency, le ministre Moras devint propriétaire de ce château, et puis Monsieur, frère du Roi. Ce ne fut que lors de l'avénement de Bonaparte au consulat, que Barras, qui en avait déjà fait l'acquisition, s'y retira. Quelque temps après, il le vendit au général Moreau.

Un trait de ce général, resté inédit, trouve ici naturellement sa place.

Jules Ducreux, fils du peintre de ce nom, cultivait la peinture et principalement le dessin, lorsqu'il fut obligé d'embrasser la carrière des armes. Il servit avec distinction pendant six ans. Revenu à Paris, il conçoit l'idée de retracer aux yeux de la postérité les mémorables faits des armées françaises. Déjà l'artiste a terminé sept dessins considérables ; mais les moyens pécuniaires lui manquent pour les frais du burin. Moreau, qui en est instruit, fait appeler l'artiste, va trouver M. François de Neufchâteau, alors ministre, et lui laisse la note qui suit :

« Je ne puis que joindre mes vœux à ceux du représentant du peuple Jourdan et du général directeur du dépôt de la guerre, de voir transmettre à la postérité les actions les plus éclatantes des armées de la répub. pendant la longue et glorieuse guerre qu'elle vient de soutenir contre l'Europe. La protection spéciale que le ministre accorde à tous les artistes, est un sûr garant des encouragemens qu'il donnera au citoyen Ducreux.

» Le Général MOREAU. »

Enfin, Moreau céda cette propriété au prince de Wagram, dont la veuve l'habite encore.

Tout près de Gros-Bois se trouve le hameau de Ville-Cresne, qui paraît avoir pour étymologie le mot *screona*, employé dans la loi salique, pour désigner des huttes ou des cabanes (1).

L'on ne voit en ces lieux ni juge, ni guerrier;
On croit être à l'époque où Dieu créa le monde.
Aussi, tout y respire en une paix profonde :
Le rossignol plaintif, sans craindre l'épervier,
Et le jour et la nuit, sous un épais feuillage,
Y module ses chants auprès de son ménage;
Et l'humble laboureur, se voit à quarante ans
Aussi pauvre en écus, qu'il est riche d'enfans:

---

(1) *Leg. Salic.* titre XIV, § 1.

Si chez lui cependant arrive un misérable,
On le voit l'accueillir et l'admettre à sa table.
Là commence à l'instant le récit de ses maux,
Qui ne sont dus, hélas! qu'au manque de travaux :
Il est jeune, on l'occupe au travail de la terre;
Et le coq, vrai sultan, à la démarche altière,
Par son chant matinal annonçant un beau jour,
L'appelle à ses travaux en chantant son amour.

Cette petite paroisse, connue depuis le 12e siècle, est entourée de bois, et les maisons sont toutes bâties en pierre meulière, sans enduit au dehors; il n'y en a qu'une au milieu des champs qu'on remarque, et qui appartient au docteur Richerand.

L'église, dédiée à la Sainte-Vierge, quoique d'apparence moderne, conserve néanmoins quelques restes d'architecture du 13e siècle.

De Ville-Cresne, pénétrant dans la forêt de Gros-Bois, mille routes me conduisent en un quart d'heure au château de la Grange, au-dessus de la montagne d'Yères. Ce n'était originairement qu'une petite ferme, appelée *la Grange du milieu*, parce que, peut-être, elle se trouve au milieu du bois.

Charles Duret, intendant des finances, en fut un des premiers propriétaires. Dans la suite, Louis XIII y fit construire de petits logemens pour la commodité de ses chasses, et cela lui fit donner le nom de *la Grange-le-Roi*. Plus tard le bâtiment fut agrandi par des propriétaires fort riches.

Le Camus, premier président de la cour des aides, en étant devenu possesseur, l'embellit encore; et le maréchal de Saxe, à qui il appartint, commença le beau salon de stuc, où l'on voit une galerie ornée de trophées d'armes et de bustes, parmi lesquels on remarque celui de ce fameux capitaine (1).

Je suis autorisé à croire que le prince de Conti et la princesse son épouse, ont aussi habité ce lieu, si toutefois ils n'ont été propriétaires du château. Les deux lettres qui suivent, écrites à Colbert, confirment ma présomption :

» À la Grange, ce 19ᵉ juin 1662.

» Vous recevez sy bien toutes les prieres que je vous faict, que cela est cause que

---

(1) C'est M. Raimond qui a fait finir ce beau salon, sur les desseins de la Touche.

j'en use libremen. Le sieur de Forge, mon escuyer, et lieutenan-colonel du régimen d'infanterie de monsieur mon mari, qui a long-temps servi le Roy dans ses armées, a un brevet pour une pansion de Sa Maiesté. Ie vous serez fort obligée sy, par vos soins vous obtenez qu'il c'est couché sur l'estat des pansions qui seron payées. Celuy qui vous randra ma lettre, prandra soin de vous en soliciter de ma part et de vous en faire souvenir; et moy, ie vous assure que je mettray cela au nombre des autres choses que vous faictes de sy bonne grace pour m'obliger.

ANNE-MARIE MARTINOZI.

« A monsieur, monsieur Colbert. »

AU MÊME.

« Monsieur, i'ay reçeu tous les ordres de Sa Maiesté sur l'affaire de Donquerque; ie les feray rendre à tous ceux auxquels ils s'adressent, aussy tost que les estats seront assemblés, pour en procurer l'effect de concert avec eux le plus avantageusement qu'il me sera possible, pour la satisfaction de Sa Maiesté et l'exequution de ses volontés;

cependant ie suis avec beaucoup de passion,

» Monsieur,

» Vostre très affectionné à vous faire service,

» ARMAND DE BOURBON.

» A la Grange, ce 10ᵉ de novembre 1662. »

Les dehors de ce château, qui appartient à M. Boscari, sont très-bien plantés; et les principales avenues, terminées par une patte d'oie, présentent un coup-d'œil des plus agréables. C'est là que se tient tous les ans une belle foire aux fêtes de la Pentecôte.

De la Grange, je descends à Yères. Selon l'abbé Lebœuf et Lancelot, ce village a donné son nom à la petite rivière qui coule dans cette vallée; et, selon Valois, ce serait le contraire. Quoi qu'il en soit, Yères ne paraît guère remonter au-delà du 12ᵉ siècle. Il est désigné dans les chartes, par le mot latin *Hedera, Hierra, Erra, Irrya*; et il est présumable que ce nom vient de ce que, le pays n'étant dans l'origine qu'un canton boisé, le lierre y était sans doute plus commun que partout ailleurs.

Ce lieu est très-remarquable à cause d'une

FONTAINE-BUDÉE.

des plus belles sources qu'on puisse voir : elle est dans le Clos-Budée, d'où elle a pris le nom de Fontaine-Budée. De cette grotte rustique, dont la nature a fait seule les frais des ornemens, sort en abondance une eau limpide qui s'épanche dans un canal bordé d'arbres (1).

Sous un médaillon représentant le savant Budée, qui venait dans ces retraites se livrer aux travaux littéraires, on lit les jolis vers suivans que la Nymphe de la fontaine adresse aux curieux qui viennent s'y désaltérer :

« Toujours vive, abondante et pure,
Un doux penchant règle mon cours.
Heureux l'ami de la nature,
Qui voit ainsi couler ses jours ! »

Il n'est pas douteux que Guillaume Budée, qui ne fut point seigneur d'Yères, comme on a bien voulu le dire, mais qui y posséda une maison (2), ne soit sans contredit un des hommes qui a fait le plus d'honneur à son pays par son érudition et son mérite. A la plus grande modestie, il sut joindre le plaisir de faire des heureux, en procurant aux

---

(1) Cette propriété appartient aux MM. Deurbroucq.
(2) Ce fut son frère qui posséda la seigneurie d'Yères.

hommes de lettres des places analogues à leur goût. Il lui fut d'autant plus facile de faire le bien, qu'il avait le plus grand crédit sur l'esprit de François 1er. Ce fut à sa sollicitation, ainsi qu'à celle de du Bellay, que le roi fonda le collége de France.

Comme on ne connaît point de vers français de ce fameux helléniste, et que j'ai à ma disposition une épître, un chant royal et une ballade, seules pièces de vers que je connaisse de lui, je crois devoir en présenter une ici, afin de donner une idée de son talent poétique :

« *Chant royal présenté au Roy à son retour d'Espaigne.*

Cueurs oppressez soubz le fais de douleur
Qui en regretz et pleurs vous consumez
Pour l'infortune et advenu malheur,
Au chef royal qui vous a tant aymez
Cessez vos plains vos larmes réprimez
Donez congé à tristesse esplorée
Celluy de qui l'absence souspirée
De vostre ennuy fut matiere fecunde
Est de retour en sa terre asseurée
Aymé de Dieu et honoré du monde.

Souvent estend Dieu son bras flagelleur
Sur ses eslus de sa grace allumez
Pour s'en monstrer apres doux consoleur
Quant il les treuve en espoir confirmez

De s'amour donc signes soient presumez
Ostz desconfitz et prison endurée
Dont est la perte amplement restaurée
Quant le bon prince ou tant d'honeur abonde
Est restably à franchise esperée
Aymé de Dieu et honoré du monde.

Tant est congneue entre tons sa valeur
Ses haultains faictz tant clers et renomez
Tant ont sentu son aspresse et challeur
En fiers exploitz les plus fors estymez
Que sont Hectors et Cesars deprimez
Ou leur vertu à ceste est comparée
N'adversité longue et demesurée
A sceu fleschir sa constance profonde
Dont on le tient par raison adverée
Aymé de Dieu et honoré du monde.

Or que le temps est devenu meilleur
Chassons regretz qui tant nous ont lymez
Et ne demeure aulcun reste du leur
En nos espritz de liesse affamez
Reviegnent riz trop desacoustumez
Et comme fleur dont pluye immoderée
Avoit terny la beaulté coulourée
La teste haulsons droicte espanie et munde
Au nouveau Roy de lumiere instaurée
Aymé de Dieu et honoré du monde.

En beau tainct cler changez vostre palleur
Par long chagrin visaiges defformez
Pour noirs habitz vestez haulte coulleur
Et vostre dueil en ioye transformez,

Rues tendez, places de fleurs semez
Resone en chants saincte Eglise parée
Fument autelz de senteur odorée
Soit toute langue a'Dieu benir facunde
Et la venue au Roy franc desirée
Aymé de Dieu et honoré du monde. »

Mon intention étant de fournir des matériaux pour l'histoire, nos écrivains seront bien aises de trouver ici le texte du testament de Budée, que le P. Nicéron n'a donné qu'en partie :

« *Gloria Patri, et Filio, et Spiritui Sancto.* » Amen.

» Je, Guillaume Budée, etc., ordonne mon corps estre inhumé en l'église monsg^r Saint-Nicolas-des-Champs, à Paris, pource que mon domicile et maison par moy bastie, *in spem perpetuæ moræ*, y est assise, et que je m'atten y mourir (1), à la fabrique de laquelle église je laisse 12 liv. 10 s. pour l'ouverture de la terre et son des cloches, durant mon obit, et le temps d'iceluy. Je laisse au

___
(1) On lisait encore au 17e siècle, sur la porte de sa maison, rue Saint-Martin, les deux vers suivans de Juvénal :

« *Summum crede nefas, animam præferre pudori,*
Et propter vitam vivendi perdere causas. »

curé ou celuy qui tiendra son lieu durant ledit obit, 40 s. et 10 s. au clerc de l'église. Je veus estre porté en terre de nuit et sans semonce, à une torche ou à deux seulement, et ne veus estre proclamé à l'église ne à la ville, ne alors que je seray inhumé ne le lendemain; car je n'approuve jamais la coustume des cérémonies lugubres et pompes funèbres. Quoy qu'il soit, je défend qu'on m'en face tant pour ce, que pour autres choses qui ne se peuvent faire sans scandale, et si je ne veus qu'il y ayt ceinture funèbre ne autre representation à l'entour du lieu où je seray enterré le long de l'année de mon trépas : pource qu'il me semble estre imitation des cénotaphes, dont les gentils anciennement ont usé, combien que j'estime la coustume de ce faire à l'entour des sépultures des princes et prélats, et au trèsgrands personnages, dont la mémoire se doibt célébrer es lieux esquels ils ont eù domination ou prélature, ou magistrat éminent. Escrit et signé le 22 juin 1536 (1). »

Il mourut le 20 août 1540, et fut inhumé

---

(1) Bibliothèque du roi, fond. de Notre-Dame, D. 5.

trois jours après sa mort et de nuit comme il l'avait ordonné par son testament.

Dans la suite, la seigneurie d'Yères passa à M. Achille de Harlay, premier président du parlement de Paris, puis à Barcos, qui fit graver sur un marbre placé contre la fontaine, le quatrain suivant, que le temps a presque détruit :

« Dans les eaux de cette fontaine
Budée a puisé son savoir;
Harlay l'a mise en mon pouvoir,
Où chercher ailleurs l'Hippocrène. »

Non loin du Clos-Budée, on voit une fort jolie maison (1) qu'habita long-temps Dazincourt, qui venait se consoler dans son manoir des tracasseries de la méchante médiocrité; et vers le faîte du village se trouve celle de l'auteur de la *Caravane*, de *Panurge* et des *Mystères d'Isis*, qui y forma le plus beau jardin botanique qui existât peut-être en France. En cultivant tour à tour les Muses et les fleurs, Morel attirait dans sa retraite solitaire ses amis et des étrangers (2). La postérité dira que ce fut là que M. An-

_____

(1) Elle appartient à M. Poinçelet.
(2) Madame Vastafort en est propriétaire.

drieux fit jouer *sa Comédienne* pour la première fois, ouvrage qu'on verra plus souvent sur la scène, comme c'est l'ordinaire, quand on ne verra plus son auteur (1).

Si je dois en juger d'après les vestiges de petites colonnes contre le portail de l'église assez vaste dédiée à Saint-Honest, ce monument appartient au 13e siècle.

On voyait encore, avant la révolution, dans la chapelle seigneuriale, au côté gauche du chœur, plusieurs inscriptions, et entr'autres celles de Dreux Budée et Eustache Budée son fils, seigneurs châtelains d'Yères.

Près de ce village est celui de Brunoy, dont on ne peut contester l'ancienneté, en lisant le testament du roi Dagobert, de l'an 638, dans lequel ce prince lègue à l'abbaye de Saint-Denis, *villam Braunate in Briegio*, c'est-à-dire, Brunoy-en-Brie. Il ne faut donc point juger de l'antiquité de ce village par la construction de l'église, dédiée à Saint-Médard, qui ne remonte pas au-delà du

---

(1) Madame Belmont faisait le rôle de la comédienne, et M. Picard celui de Gouvignac.

13ᵉ siècle, comme l'ont fait quelques historiens (1).

D'ailleurs, on voit dans l'ouvrage de la Barre, sur Corbeil, que Brunoy est de la plus haute antiquité.

Plusieurs écrivains, qui ont cherché à donner l'étymologie de ce nom, ont cru voir beaucoup de ressemblance entre *Brennacum* et *Brennus*, célèbre capitaine gaulois senonais; mais c'est avec raison qu'ils ne se sont point arrêtés à ces suppositions, craignant de se perdre dans une antiquité presque fabuleuse.

L'abbé Lebœuf, sachant que le mot *bren* signifiait, chez les Gaulois, le déchet de la farine (2), a cru que ce serait peut-être « à » la faveur des eaux de la rivière d'Yères, » qui, étant des eaux de source, ne gèlent ja- » mais, que les moulins de ce lieu auraient été » préférés par les officiers de nos premiers » rois, à cause qu'en tout temps, ils pou-

---

(1) Les murs de l'intérieur de l'église sont recouverts en bois, chargé de dorures que l'on doit au fils de Paris de Montmartel, qui fit faire cet embellissement, si c'en est un, en 1774.

(2) *Bren*, en patois, signifie aussi *son*, et nos dictionnaires français écrivent *bran*.

» vaient fournir du *son* pour le pain de ces
» chiens. »

Quoique je sois loin d'adopter cette hypothèse, il est certain que les moulins à eau, dont l'invention est attribuée par quelques auteurs à Mithridate, étaient connus des Romains, puisque Vitruve en fait mention (1). Il serait assez vraisemblable de croire que ce ne fut que lors de l'abolition de l'esclavage, faite par Constantin en 312 de l'ère chrétienne, que l'usage des moulins à eau devint général, et que les Gaulois les reçurent des Romains, qui préférèrent longtemps leurs esclaves pour la mouture des grains, à l'aide des moulins à bras, plus anciens encore.

Quoi qu'il en soit, Brunoy n'était guère remarquable que par le château, d'une forme peu régulière. Toutefois, malgré les dépenses excessives qu'y fit Paris de Montmartel, pour lequel Louis XV érigea cette terre en marquisat, on ne put faire disparaître l'ingratitude de sa position, ni suppléer à l'absence des beautés de la nature. L'enfoncement dans lequel se trouvait le

---

(1) *De Architectura*, lib. X, cap. 10.

château ne put permettre non plus la jouissance d'une perspective étendue. Néanmoins, les bosquets, ornés de vases et de statues en marbre, y étaient charmans. Ces embellissemens furent dus à S. A. R. Monsieur, aujourd'hui Sa Majesté Louis XVIII, qui, après avoir acheté cette propriété, rendit ce séjour plus agréable, en ajoutant à sa magnificence. Mais de tant de richesse, il n'en reste plus aujourd'hui que le souvenir. Tout a été vendu et détruit dans la révolution.

Cependant, quelques jolies maisons se font remarquer, telle que celle de Talma, qui se trouve au bout du pont, où commence la route qui me conduit à Montgeron, après avoir fait une petite lieue.

Montgeron est désigné dans les chartes, sous le nom de *Montgison, Mons Gisonis* (1), parce que, sans doute, quelque seigneur, nommé *Gison* ou *Gisó*, choisit cette montagne pour y bâtir une maison de plaisance. Ce qu'il y a de certain, c'est que ce village fut érigé en paroisse au 12e siècle; mais ce n'est que depuis le 16e qu'on en connaît

---

(1) Et non *Geroldi*, comme le dit Valois, qui n'avait pas vu les chartes.

ce Lundi

Celui qui vous donnera ce billet
Monsieur est ce meme me connoit
nommé Busset qui est un fort
habille homme, un benefice
que devois donné a son fils Les
ruine tous deux s'il n'est
promptement remedié en accordant
ce qui est contenu dans cette requette
Je vous supplie tres humblement
de le vouloir Suivre car ils sont
endetes et meurent de faim

J V[oltaire]

les seigneurs, qui furent ceux de la famille Budée.

Sa position, tant par les points de vue dont on jouit, que par les charmes des environs, est des plus agréables. Aux beautés dont la nature a décoré cet endroit délicieux, s'est joint encore tout ce que l'art et le goût pouvaient y produire de plus agréable. Le château, les jardins, l'orangerie, les terrasses, les eaux et les bosquets, y sont de la plus grande magnificence. C'est principalement à Fabus, ancien receveur général des domaines, et au marquis de Boulainvilliers, prévôt de Paris, auteur de divers mémoires sur les anciens gouvernemens, que sont dues tant de richesses (1).

Ce riant séjour a été chanté en vers latins, au commencement du 17e siècle, par un poëte modeste, dont on trouve le manuscrit à la bibliothèque du Roi, sans trouver le nom de l'auteur. Toutefois l'abbé Leboeuf, le seul qui ait publié cette pièce, l'attribue à Jean-Baptiste le Grain.

Pour donner une idée du goût et de la

---

(1) Ce château appartient à M. d'Ambricourt.

facilité de cet auteur, je crois devoir en présenter ici un passage :

« . . . .
Oculis apertas per fenestras subjacent
Colles feraces pampino, quos Sequana
Ambit: patentes parte sunt campi altera,
Populosa surgit queis super Lutetia
Montisque Martis superbiùs jugum.
Hic villa Regia imminet longè nova;
Hic splendet altas inter arbores domus
Cronœa, pratis pulchra, dives rivulis.
. . . . »

Si je n'ai pas été assez heureux pour découvrir quelques pages inédites de Hugues, dit *de Monte Gisonis*, personnage célèbre sous Charles V et Charles VI, qui naquit en ce lieu, une lettre de La Harpe, qui l'habita long-temps, dédommagera le lecteur. Elle est adressée à Dureau de la Malle, dont les lettres déploreraient encore plus la perte, s'il n'eût laissé un fils digne de le remplacer.

7 août 1778.

» Je vis hier une jolie femme, à qui vous écrivez les choses du monde les plus galantes, monsieur le solitaire, et il me semble que la retraite champêtre vous rend fort tendre. Je vous le pardonne, à cause de la petite mention que vous voulez bien faire de moi au milieu de vos tendresses; et, sérieusement parlant, je suis touché jusqu'au fond du cœur, mon cher et aimable ami, de tout l'intérêt que vous m'avez marqué dans mes tribulations. Il y a bien peu d'aussi bons esprits que le vôtre; mais il n'est pas moins vrai qu'il y a peu d'aussi belles ames, et toutes les belles ames sont aimantes. Je me félicite de m'être trouvé sur le chemin de la vôtre, et je vous assure que la mienne est faite pour l'entendre et pour lui répondre.

» Je voudrais vous envoyer les *Barmécides*, qui paraissent depuis deux jours; et mon édition, qui a paru lundi dernier. Mais comment vous adresser ce gros paquet? Indiquez-moi comment il faut s'y prendre, et vous le recevrez aussitôt.

»Je ne me souviens plus où en étaient les Barmécides, quand vous êtes parti. Ce que je peux vous dire, c'est qu'à la neuvième, tout était plein, et qu'il est impossible d'être plus applaudi, et plus vivement. Les grandes chaleurs sont revenues cette semaine, et à la dixième, il y a eu peu de monde. Je veux relire la pièce demain, samedi, après la onzième. Je ne sais pas encore quand elle sera jouée avec les changemens; mais il me semble qu'en général ils ont paru heureux. La marche de l'ouvrage est beaucoup plus rapide et plus intéressante; et la scène du troisième acte, entre Amorossan et Barmécide a moins de discussion, et plus d'action et de mouvement. Je crois cette scène, et la reconnaissance du cinquième acte, d'un grand effet. Vous m'en direz votre avis.

» Je ne manque point de courage pour travailler et pour corriger. Mais je vous avouerai, avec toute la franchise de l'amitié qui s'épanche, que je crains d'en manquer contre la persécution que j'éprouve, et dont il n'y eut jamais d'exemple. Je sais que je ne suis pas le premier homme de lettres qui ait eu des ennemis et des traverses; mais ce qui m'arrive n'est arrivé à personne. Un parti nombreux et forcené de rage, composé d'hommes de toute espèce, a formé le projet, non pas de me tourmenter, de m'humilier, de me déchirer, mais de me perdre, s'il est possible, et d'y employer tous les moyens imaginables. Ce projet existe, et n'est pas même caché. Mon grand malheur est d'être marié. Sans cela, il y a long-temps que je me serais dérobé à la fureur de mes ennemis. J'aurais été chez l'Etranger jouir de la considération et des avantages qu'on m'y présente, et j'aurais quitté ce pays abominable où l'on hait tous les talens, à moins qu'ils ne soient joints à la bassesse; où l'on écrase tout ce qui ne veut pas ramper; où l'on n'encourage rien que la calomnie, où l'on ne vit que de libelles et de scandales : enfin, où le plus doux, le plus applaudi de tous les spectacles, c'est celui d'un homme de mérite outragé par des fripons, des méchans et des hypocrites.

» Vous, vous plaignez de votre retraite. En est-il une qui ne soit préférable au gouffre que j'habite? Vous vivez avec Tacite, et je vis au milieu des monstres qu'il a peints. Que ne suis-je avec vous au fond de l'Anjou? Mais j'en suis réduit à désirer de vous revoir dans ce Paris que j'abhorre, et je compte le charme de votre amitié parmi les consolations qui me sont le plus nécessaires.

» De La Harpe. »

Au bas de Montgeron se trouve placé le village de Crosne, qui peut bien remonter au-delà du 13ᵉ siècle; mais ce n'est du moins qu'à dater de cette époque qu'on le voit dans les chartes, sous la dénomination latine de *Crona*, *Chrona* et *Crosna*. D'ailleurs, les quatre piliers du chœur de l'église retracent parfaitement le goût de ce temps. Sur le premier, à droite, on lit l'inscription suivante :

« *Bonnes gens, plaise à vous sçavoir que*
» *l'église de Notre-Dame de Crosne fut dé-*
» *diée le premier dimanche de juillet 1509,*
» *par révérend Père en Dieu, frere Jehan*
» *Nervet, évêque de Magarence, prieur de*
» *Sainte-Catherine du Vau-des-Ecoliers.* »

Ducange croit qu'on écrivait dans l'origine *Gronna* (*marais* dans le latin du moyen âge), et que le *G* aura été changé dans la suite en *C*, comme cela offre beaucoup d'exemples. En admettant cette supposition, on peut tirer la conséquence que ce pays aurait été d'abord marécageux, qu'on l'aurait desséché et puis converti en prairies.

Le château, d'une architecture simple, mais noble, placé dans un fond, a été détruit (1); et les jardins qui présentaient la

---

(1) On raconte que le château de Crosne avoit été donné

plus grande variété de fleurs qu'on pût voir, ont été mis en valeur. Toutefois, si l'on n'a qu'à gémir de voir sans cesse de nouveaux désastres, si Crosne ne peut se vanter de posséder dans son sein les plus beaux monumens qu'on trouve dans les lieux voisins de la capitale, il se glorifiera toujours d'avoir vu naître le fameux satyrique français dans la maison de son père, Gilles Boileau, greffier de la grand'chambre du parlement de Paris (1).

Jaloux de disposer chaque chose à sa place,
Je citerai Boileau, ce régent du Parnasse,
Qui de la France entière est et sera l'orgueil,
Quand je m'introduirai dans sa maison d'Auteuil.

Poursuivant ma route pour revenir à Paris, à un quart de lieue de Crosne, je trouve Villeneuve-Saint-Georges.

Dans le 9ᵉ siècle, ce village n'était composé que de soixante maisons de paysans

---

comme récompense nationale à M. Sieyes. Mais, M. de Crosne, prouvant que ce n'était point une propriété nationale, rentra dans ce domaine, et la ménagerie de Versailles fut donnée à M. Sieyes.

(1) Nicolas Boileau, né à Crosne le 1ᵉʳ novembre 1636. Cette maison, qui se trouve en face de l'église, appartient à M. Baudier.

libres ou affranchis. Mais, dans la suite, le nombre de familles et des habitans s'accrut tellement, qu'il devint petite ville. Elle prit le surnom de Saint-Georges, parce que l'abbaye de Saint-Germain, en faisant rebâtir son église, vers le 11e siècle, y déposa une partie des reliques de ce Saint, diacre et martyr, apportées d'Espagne par le moine Usuard (1). C'est ainsi qu'à compter du 12e siècle, on lit dans les titres *Villa-Nova-S^{ti}-Georgii*.

On ne peut douter non plus de l'antiquité de son vignoble, puisque l'abbaye, qui fit ériger l'église, en tirait sa boisson ordinaire, comme on peut le voir dans une charte de l'an 872, confirmée par Charles-le-Chauve.

Une vieille tradition du pays porte que ce lieu devait un lit à Charlemagne, sans trop savoir pour quel motif, si toutefois ce n'était une redevance de l'abbaye. Ce qu'il y a de certain, c'est que j'ai lu qu'au 13e siècle, il était du nombre de ceux qui devaient une fois par an le gîte au roi.

___

(1) Je mets diacre et martyr, pour qu'il ne soit point confondu avec un autre Saint Georges, que l'Angleterre a pris pour patron.

Près de la fontaine désignée par le nom de *fontaine des Bretons*, qui tient sans doute ce nom du court séjour que firent les Anglais en France, on voyait, il y a quelques années, une voie sinueuse qui conduisait au sommet de la colline, où se trouvaient des vestiges d'une herse militaire, destinée à intercepter les communications. Mais on ignore si elle servit lors du règne éphémère des Anglais, sous Charles VII, ou bien durant les troubles de la Fronde; car nous savons que Turenne, qui commandait l'armée royale en 1652, se trouva au lever du siége d'Etampes, dans la plaine de Villeneuve-Saint-Georges, en présence des troupes du duc de Lorraine, qui rentrant dans les murs de ce bourg, mirent toutes les maisons au pillage.

Comme j'ai donné, dans mon premier Voyage, la relation du transport des restes de Turenne à Saint-Denis, trois lettres autographes et inédites de ce grand capitaine, dont la mort répandit le deuil dans toute la France, ne seront pas sans intérêt pour le lecteur. Elles sont adressées à Colbert:

PREMIÈRE LETTRE.

« Ce jeudi à midi.

» Il y a un homme qui est fort de mes amis qui m'a presté de l'argent sans interest et a qui j'en dois encore, qui est M. de la Briffe. Je vous suplie tres humblement de lui faire justice et plaisir. C'est un aussi homme de bien et d'aussi bon sens que j'en aye jamais veü pour sa condition. Je le cognois tres particuliairement, je m'assure que vous ne me denierés pas cette grace la.

» Turenne. »

SECONDE LETTRE.

« 10 xbre 1662.

» C'est un moine de Vauchelles qui ma prié de parler au Roy pour lui, c'est une abbaie fort proche de Cambrai, laquelle pretent avoir des droits de fonts, des predecesseurs de Sa Maiesté, par lesquels ils peuvent retirer ce qu'ils ont de biens en France sans paier les droits de sortie ; cela monte a fort peu, et comme cest un cloistre tres considerable tout proche de Cambrai, cela peut estre utile au Roy en beaucoup de rencontres, il vous plaira vous en souvenir en cas que vous trouvies la chose raisonnable comme je nen doute pas, le roy a voulu parler lui mesmes a ce moine.

» TURENNE. »

TTOISIÈME LETTRE.

» Ce jeudy 1673.

» Celui qui vous donnera ce biliet monsieur est ce mihistre converti nommé Posset qui est un tres abille homme. Un benefice que le Roi a donné à son fils les ruine tous deux sil ni est prontement remedié en accordant ce qui est contenu dans cette requeste. Je vous suplie tres humblement de le vouloir faire car ils sont endettes et meurent de faim.

» TURENNE. »

Parmi plusieurs jolies maisons de campagne de Villeneuve-Saint-Georges, on remarque le château de Beauregard, situé sur l'éminence, qui fut habité par le cardinal de Furstemberg. Là se trouve un salon voûté et sonore, où son Eminence se plaisait souvent à entendre de la bonne musique.

Voici trois lettres qui donnent lieu de penser que ce prince a fait embellir cette maison de plaisance, et qu'il partageait les libéralités de Louis XIV.

PREMIÈRE LETTRE.

« Monsieur,

» Je n'ay pu respondre plustost aux deux lettres que vous m'avez escrit, ne les ayant receue que depuis peu de jours, à causes du voyage continuel que j'ay faict depuis que je suis entré en Allemagne, sans cela je vous eusse faict sçavoir plus tost que j'ay eu bien de la joie d'apprendre que l'affaire des eaux estoit en son entier. Je vois bien que cette affaire sera très advantageuse; mais le premier pas qu'il y fault faire n'est pas de la demander au Roy, mais de faire rechercher des gens qui soient riches et puissans qui y veuillent entrer, et faire des advances pour les frais qui conviendra faire qui ne seront pas peu considérables. Soudez M. Sabach, né amy la dessus, c'est assez un homme comme il nous en faudroit, il faudra aussy pour cela faire venir quelques ouvriers et gens entendus à ces sortes de travaux. Quand on aura ces deux choses prestes, il sera alors temps d'en parler au Roy; vous pouvez cependant en parler avec M. Morel qui sera homme à y prendre part, si elle se trouve seure, comme elle me la paroist; si elle pouvoit réussir j'en aurois une ioye particuliere, puisque outre mon interest particulier vous y trouverez vos advantages, duquel vous pourra mettre dans cet estat ou vous souhaittes si fort d'estre, et ou ie vous voudrois voir desja, car ie vous assure que ie suis bien véritablement,

» Monsieur,

V^{re} tres affectioné serviteur,
» Le Prince de Furstemderg.

» Bade ce 10e janvier 1669.
» A monsieur Valdor, à Paris. »

DEUXIÈME LETTRE.

» Widlick le 3me 9bre 1672.

» Monsieur,

» Comme ie vois mon voiage pour la cour reculé pour quelque temps, par mon retour vers la province d'Overyssel, et que, par conséquent, ie suis privé de l'honneur de vous pouvoir en personne assurer de la continuation de mes tres humbles services, que ie vous ay voué avec une aussy forte résignation que les graces et faveurs que ie receu de vous en plusieurs rencontres, le méritent, ie me serts de ce courier pour le faire par lettre et pour vous supplier tres humblement que vous veulliez bien avoir la bonté de vous souvenir dans les occasions de celluy qui sera toutte sa vie avec bien de recognoissence et de passion,

» Monsieur,

» Vostre tres humble, et tres obeissent serviteur,

» Le Prince G. DE FURSTEMBERG. »

TROISIÈME LETTRE.

« A Cologne ce 30ᵉ aoust 1673.

» MONSIEUR,

» Je viens vous rendre graces très humbles, par ces lignes, de la bonté que vous avez eu de me faire payer avec tant de ponctualité les dix mil escus que Sa Maiesté m'a faict la grace de me donner. Ce sont là, Monsieur, des marques de la continuation de l'honneur de votre amitié, sur laquelle vous avez bien voulu me permettre de faire un fonds bien assuré. Je m'efforceray, par ma conduite et par toutes mes actions, de vous donner lieu d'estre bien aise de me l'avoir accordée et de ne pas vous repentir des bons offices que vous m'avez tousiours rendu auprès de Sa Majesté. Ie ne vous mande rien de ce qui se faict icy, parce que ie say que MM^{rs} les ambassadeurs vous en informent exactement. Ie suis avec toutte la recognoissance et passion imaginable,

» Monsieur,

V^{re} très humble et très obéissant serviteur.

G. Prince DE FURSTEMBERG.

» A monsieur Colbert. »

Non loin de ce château, est la maison de MM. Cottreau (1), qui possèdent une superbe raffinerie de sucre. On m'a conté qu'un des célèbres Cassini, qui venait se reposer du fracas du monde et du casse-tête des sciences chez ces Messieurs, où il jouait à la main-chaude, étant allé visiter le château de Beauregard, fut frappé à l'aspect des

---

(1) M. Nelson Cottreau est auteur d'un joli poëme ayant pour titre : *le Bal de Brevannes.*

enfans de madame Bayard, qui portaient des marques récentes de la petite vérole; qu'il fut atteint de cette cruelle maladie, et revint à Paris avec le germe de la contagion qui d'enleva à jamais aux sciences (1).

Me hâtant d'arriver à Paris, à deux lieues de Villeneuve-Saint-Georges, se trouve *Maisons*, où je m'arrête quoiqu'il soit déjà tard.

Des diplômes de l'an 988, ne laissent aucun doute sur l'antiquité de Maisons, dérivé de *mansiones*, habitations. Ce village, entre la Seine et la Marne, est situé dans une plaine de terres labourables et de prairies, sa principale richesse.

Dans l'origine, Maisons ne consistait qu'en quelques habitations; il devint considérable insensiblement, et l'on n'ajouta le surnom *près Charenton*, que pour le distinguer de plusieurs autres lieux de même nom.

Ce que l'on sait de plus ancien touchant les habitans, c'est qu'en 1211, ils transigèrent avec l'abbé de Saint-Maur, sur les pa-

---

(1) On croit que l'imagination contribua beaucoup à cette mort .... Pauvres Savans !

cages de leurs bestiaux. Cet abbé, qui, sans doute, en était le seigneur châtelain, avait tous droits sur les villageois. C'était lui qui, selon les besoins de l'Etat, les envoyait au service du roi, ou bien à la défense de la patrie.

> L'une des étranges façons
> Dont les abbés de ces cantons,
> Ardens à corriger le vice,
> Faisaient exercer la justice,
> Fut la suivante : un malfaiteur
> (O loi bizarre et sans pareille!)
> Pour avoir volé son seigneur
> Fut contraint à perdre une oreille (1).

L'église, dédiée à Saint-Remy, est basse et sans ornemens d'architecture. Mais le clocher, très-élevé et fort beau, est surmonté d'une flèche en pierre, qui retrace, ainsi que l'intérieur du monument, le goût du 14e siècle.

Contre l'église se trouve le cimetière, où parmi plusieurs tombes portant des épitaphes, je remarque et je lis la suivante :

---

(1) Ces usages étaient communs au 13e siècle.

« A LA MÉMOIRE
D'UN HOMME ESTIMÉ, RESPECTÉ ET CHÉRI,
QUE SA TROP GRANDE SENSIBILITÉ
RENDIT MALHEUREUX.
J. F. VERRIEN,
PROFESSEUR DE L'ÉCOLE IMPÉRIALE
VÉTÉRINAIRE D'ALFORT,
DÉCÉDÉ LE 10 JUIN 1812, AGÉ DE 42 ANS.
SON ÉLÈVE ET AMI,
J. F. BOULEY,
RECONNAISSANT ET AFFLIGÉ. »

Au moment où je me dispose à sortir, un homme d'un certain âge, à l'air égaré, me prend par le bras, me conduit vers une simple croix peinte en noir, et me dit :

> Ci gît un poëte entêté,
> Qui sottement se faisait gloire
> De vivre en petit comité
> Avec les filles de mémoire :
> Mais, pour punir sa vanité,
> Sans façon, les doctes pucelles
> Envers lui se montrant cruelles,
> Bientôt le mirent de côté.
> Depuis cette époque funeste,
> Le vieux fou, jouant de son reste,
> Continua de son cerveau
> A tirer ballade et rondeau.

Las de son étrange manie,
Le jeune Dieu de l'harmonie
Le fit conduire à l'hôpital,
Où sont les fous de son espèce,
Qui bornent toute leur adresse
A rimailler tant bien que mal.
Là, sans vouloir changer de gamme,
En proie aux rigueurs du destin,
Le pauvre diable rendit l'âme
En courant après un quatrain.

Passans, qu'on voit, après sa mort,
Déplorer la fin malheureuse
D'un vieillard, dont l'humeur joyeuse
Lui promettait un meilleur sort :
N'allez pas suivre son exemple;
Et souvenez-vous qu'en tout temps
Les Muses ont fermé leur temple
A ces beaux-esprits soi-disants,
Tristes avortons du Parnasse,
Qui dans cet asile sacré,
Pensent avoir, bon gré, mal gré,
Le droit de venir prendre place.

Alors, mon orateur nouveau
Me quitte, et je monte en voiture;
Là, cherchant bien dans mon cerveau
Quel fruit tirer de l'aventure :
Il a voulu, dis-je à part moi,
A maint auteur trop peu modeste,
Pour lui sauver un sort funeste,
Du silence imposer la loi.

Pour moi, du discours salutaire
M'appliquant le conseil prudent,
Je conclus que dans cet instant
Le mieux, sans doute, est de me taire.

FIN DU QUATRIÈME VOYAGE.

TABLE

Des matières contenues dans ce volume.

Avertissement . . . . Page v

A.

Atis . . . . . . (Origine d'). 140
Alfort . . . . . (Hameau d') 229
Anne d'Autri- ⎧ Première lettre inédite de la Reine. 192
che . . . . . ⎨ *Fac-simile* . . . . *ibid.*
⎩ Deuxième *idem* 193

B.

Bagneux . . . ⎧ Origine du village de 98
⎨ Eglise de 113
⎩ Presbytère de 116

Beaumarchais. ⎰ Première lettre inédite de Caron. 178
⎱ Deuxième lettre inédite de Caron. 179

Beauregard. . (Château de). 301

Bernardin de ⎧ Description inédite de la maison de 151
Saint-Pierre, ⎨ Première lettre inédite de 153
⎪ Deuxième *idem* 156
⎩ Troisième *idem* 157

Berny.....	(village de)........	*Page* 54
Béthune.....	(Lettre inédite du comte de)...	124
— Bicêtre....	(Origine de).........	136
Blanche....	(Trait de la Reine)......	56
Boileau....	{ Naissance de.........	297
	Maison du père de......	*ibid.*
Boissy-Saint-Léger...	Origine de...........	262
Boneuil....	{ Origine de..........	255
	Eglise de...........	256

Bonne renommée vaut mieux que ceinture dorée.
(Origine du proverbe)..... 114

Bourdeille..	{ Anecdote inédite de la fin du 17ᵉ siècle touchant mademoiselle de	85
Bourg-la-Reine...	{ Origine du village du......	49
	Cimetière du...........	54
	Eglise du.............	52
	Hameau de...........	256
Brévannes...	{ Château de...........	*ibid.*
	Chapelle de...........	262
Brunoy.....	{ Village de............	287
	Eglise de.............	*ibid.*
	Etymologie de.........	288
	Château de...........	*ibid.*
Budée....	{ Maison de Guillaume......	281
	Vers inédits de Guillaume....	282
	Testament de Guillaume....	284

C.

Cailhava....	{ Tombeau de..........	81
	Réflexions inédites de......	82

Cassini	(Mort de l'un des célèbres) *Page*	305
Chapelle	(Village de la)	5
Chapelle	(Le poëte)	5
Chapelle du chateau de Sceaux. (Vœux inédits d'un anonyme touchant la conservation de la).		76
Charenton	Opinions diverses sur l'origine de.	226
	Temple des protestans à	ibid.
	Hospice des aliénés à	227
Charles V	(Baptême de).	188
Charles VI	(Anecdote touchant).	230
Chatenay	Origine du village de	55
	Eglise de	ibid.
Chatillon	Village de	95
	Eglise de	96
Chaulnes	Première lettre inédite du duc de.	261
	Deuxième lettre inédite du duc de.	262
Colardeau	Portrait de	174
	Lettre inédite de	175
Colbert	(Quatrain inédit sur).	79
Collin d'Harleville	Lettre inédite de	26
	Trait inédit de	29
Condé	(Le prince de)	191
Condorcet	(Mort de).	53
Conti	Le prince de	191
	Lettre inédite du prince de	279
Conti	(Lettre inédite de la princesse de)	278
Corbeil	Origine de	158
	Eglise de	159 et 161
Coulanges	Vers inédits sur le chansonnier.	257
	Chanson inédite de	259
	Maison de	257

Cour-de-France...	Description de la	*Page* 144
	Fontaine de la	145
Creteil...	Origine de	229
	Eglise de	*ibid.*
Crosne...	Village de	295
	Château de	296
	Eglise de	*ibid.*

D.

Dazincourt..	(Maison de)	286
Dau......	(M. le)	90
Dubreuil...	(Tombeau de)	120
Ducreux...	(le peintre Jules)	275
Duval.....	(M. Amaury)	121

E.

Enghien....	Bienfaisance du duc d'	216
	Tombeau du duc d'	206
Essonne....	Village d'	148
	Eglise d'	149
	Manufacture d'	148
	Poudrerie d'	149
	Traiteur d'	150
Estrées....	Première lettre inédite d'Henri IV à Gabrielle d'	51
	Fac-simile	*ibid.*
	Deuxième *idem*	228
	Maison de Gabrielle d'	50
	Château de Gabrielle d'	227
Estrées....	(Lettre inédite du duc d')	211

Étioles. . . . {Village d'. . . . . *Page* 173
                Château de le Normand d' 176

F.

Filles de la Providence (Origine de l'institution
                        des) 92
Florian. . . . . (Tombeau de) 81
Fontenay-aux- {Origine de 88
Roses. . . .   Eglise de 91
               {Maison du surintendant 208
Foucquet. . . { Lettre inédite du surintendant. .*ibid.*
                Fac-simile. . . . .*ibid.*
                Lettre inédite de l'abbé. 210
Fréron . . . . (Anecdote inédite de) 128
                {Première lettre inédite du prince de 302
Furstemberg..{ Deuxième *idem* 303
                Troisième *idem*. 304

G.

Gaston . . . . (Lettre inédite d'Hyacinthe) . . . 30
Gaston d'Or- {Lettre inédite de 194
  léans. . . . Fac-simile. . . . . , . . . 195
Godemer . . . (Pension de madame) 52
Gommerat . . (M.) 92
Gouffé . . . . (M. Armand). 259
              {Château de la. 277
Grange . . . .{Divers propriétaires du château de
                la. . . . . 277 et 278
Grétry . . . .{Lettre inédite de 39
               Mausolée de. 38

Gros-Bois . . { Origine de . . . . Page 273
Divers propriétaires du château
de . . . . 273—276

H.

Hase . . . . . . (M.) 165
Henri IV. . . . (Lettre inédite de) 162
Hermitage . . { Description de l' 32
Description du jardin de l' 35
Houdetot . . . { Lettre inédite de Jean-Jacques à
madame d' 33

I.

Ingelburge . . { Epitaphe et tombeau de la Reine. 160
et 161
Isabeth de Ba- { 191
vière . . . . { Anecdote touchant 230
Testament inédit d'. . . . 233 et suiv.

J.

Joly . . . . . . (Trait et vers de mademoiselle) . 36

L.

Lafayette . . { Première lettre inédite de mad^e de. 217
Fac-simile. . . . . ibid.
Deuxième idem 218
Troisième idem 219
Quatrième idem 220
Cinquième idem . . . . ibid.
Sixième idem 221
Septième idem 222
Huitième 223

La Harpe	{ Première lettre inédite de . *Page* 167	
	Deuxième *idem* 170	
	Troisième *idem* 292	
Lambert	(madame de) 70	
Larcher	(Trait inédit de l'académicien) .. 164	
Leduc	(Le restaurateur) 29	
Légal	(Pension de M.) 117	
Légouvé	(Le poëte) 260	
Léonard	(Vers inédits du poëte) 126	
Long-Boyau ..	(Plaine de) 139	
Longueville .	(Le duc de) 191	

M.

Maine	{ Lettre inédite de la duchesse du . 70	
	Vers inédits *idem* 72	
	Description de la cour de la duchesse du 67	
Maisons....	{ Origine du village de 306	
	Habitans de .... *ibid*.	
	Eglise de 307	
	Cimetière de .... *ibid*.	
Mazarin. ...	{ Première lettre inédite du cardinal. 196	
	Deuxième *idem* 197	
	Agenda manuscrit du cardinal .. 204	
	Anecdote inédite touchant le cardinal 205	
Médicis....	{ Lettre inédite de Marie de 215	
	Fac-simile 214	
Mercier ...	{ Lettre inédite de 126	
	Anecdote inédite de 127	
Mirabeau ...	(Lettre inédite de) 199	

Mirand	(Vers de M. de)	Page 195
Montgeron.	{ Village de	290
	Château de	291
Montmorenci.	{ Origine du village de	20
	Eglise de	21
	Cimetière de.	24
	Château de	ibid.
	Description du bal de.	40
Montmorenci.	(Tombeau du connétable Anne de)	23
Montmorenci-Luxembourg.	} Lettre inédite de	274
Montreuil ..	{ Origine du village de	185
	Eglise de	188
	Pêches de	ibid.
Mont-Rouge.	{ Origine du village de	119
	Eglise de	ibid.
	Cimetière de	120
	Personnages célèbres qui ont habité	123
Moreau. ...	(Trait inédit du général)	275
Morel	(Maison du poëte)	286
Morel	(Maison du restaurateur)	86
Muly	{ Lettre de Jean-Jacques Rousseau à M. de...........	33

O.

Odette de Champs-divers, vulgairement la *petite Reine* (Anecdote touchant).		231
Oie	(Jeu de l') ;	122
Orléans ...	{ Anecdote inédite touchant S. A. R. madame la duchesse douairière d')	74

P.

Petit-Bourg .	(Château de)	Page 147
Piot	(Tombeau de).	207
Piple	(Etymologie du château du) . . .	263
Princes	(Liberté des)	195

R.

Rabelais . . .	(François)	214
	Première lettre inédite de	101
	Deuxième *idem*	102
	Troisième *idem*	106
Richelieu, évê-	Quatrième *idem*	108
que de Luçon.	Cinquième *idem*	109
	Fac-simile	ibid.
	Sixième *idem*.	110
	Septième *idem*.	112
	Village de	146
Ris	Eglise de	147
	Château de	ibid.
Robe	(M. de)	263
Roquelaure.	(maison du maréchal duc de) . . .	141

S.

Sablé	(Madame la marquise de)	217
Saint-Babolein.	(Fontaine de)	263
Saint-Denis .	Origine de	6
	Eglise de	7
Saint-Louis .	(Chêne de)	206

Saint-Mandé.	(Origine de)	*Page* 207
Saint-Maur.	Origine de	212
	Premier château de	213
	Monastère de	*ibid.*
	Congrégation de	214
	Origine du dernier château de . .	*ibid.*
	Canal de	225
Saint Vincent de Paul	Lettre inédite de	93
	Fac-simile de	94
Saxe	Le maréchal de	264
	Première lettre inédite du maréchal de	265
	Deuxième *idem*	266
	Troisième *idem*	268
	Quatrième *idem*	*ibid.*
	Cinquième *idem*	271
	Fac-simile	*ibid.*
	Trait inédit du maréchal de . .	272
Scarron.	Description de l'état actuel de la maison du poëte	90
Sceaux.	Origine du village de	66
	Historique du château de	67
	Description de la chapelle du château de	77
	Eglise de	84
	Anecdote inédite touchant la bibliothèque de.	75
Scudéry	Lettre inédite de mademoiselle de	142
	Vers de mademoiselle de	141
	Vers *idem.*	192
Séjour	(Maison de Dionis du).	228
Sèze	(M. de)	260

Sièyes. . . . . (M.). . . . . *Page* 297
Soisy-sous-Étioles. (Maison de) 192

T.

Tableaux . . . (Origine des marchands de) . . . 25
Tardieu. . . . (Vers de Boileau sur la famille) . 97
Tillemont . . {Maison de le Nain de. 187
Histoire inédite de Saint Louis par 187
Treneuil . . . {Portrait inédit de mademoiselle de Cailhava par 82
Turenne . . . {Première lettre inédite de. 300
Deuxième *idem* . . . . *ibid.*
Troisième *idem*. 301
Fac-simile . . . . *ibid.*
Relation inédite du transport du corps de 7

V.

Vallière . . . (Maison du duc de la) 121
Verneuil . . . {Lettre inédite de Henri IV à la duchesse de 118
Verrien . . . (Épitaphe du professeur) 308
Ville-Cresne. {Hameau de 276
Etymologie de . . . . *ibid.*
Eglise de 277
Villeneuve - {Village de. 297
St-Georges. Accroissement de. 298
Ville-Juif . . {Opinions diverses sur l'origine et l'étymologie de. 138
Eglise de 139
Villoison. . . (Notice inédite de Danse de). . . 163

Vincennes	Etymologie de .... *Page* 189 Donjon de .... 190 Description du donjon de .... 198 Bois de .... 190 Chapelle de .... 203 Chapelle ardente de 206
Voisenon	(L'abbé de) 126
Voltaire	Naissance de .... 58 Première lettre inédite de ... 59 Deuxième *idem* .... 62 Erreur de Condorcet à l'égard de. 69
Voyage	Préface du premier .... 3 *Idem* du second .... 47 *Idem* du troisième .... 133 *Idem* du quatrième 185

W.

Wagram	(Madame la princesse de) 263

Y.

Yères	Etymologie du village d' ..... 280 Eglise d' 287

FIN DE LA TABLE DU PREMIER VOLUME.

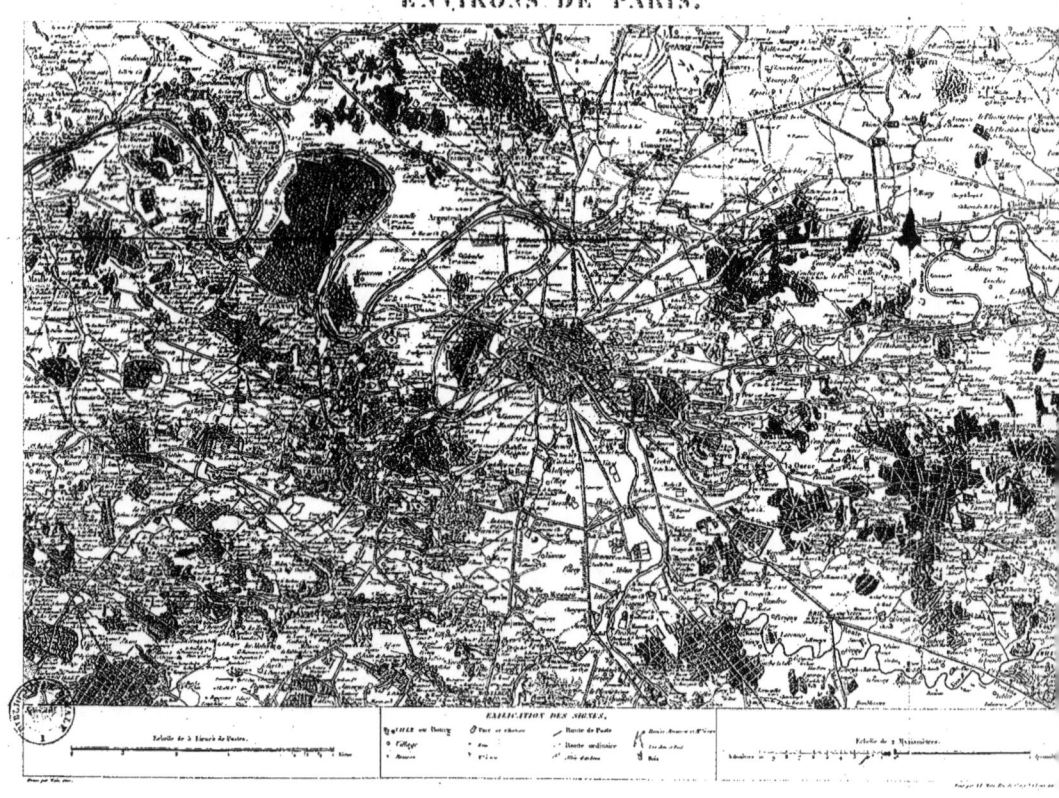

www.ingramcontent.com/pod-product-compliance
Lightning Source LLC
Chambersburg PA
CBHW070447170426
43201CB00010B/1248